建築学入門シリーズ

近代建築史

谷口 汎邦／監修　藤岡 洋保／著

森北出版株式会社

建築学入門シリーズ監修委員会

- ■委員長　谷口汎邦（東京工業大学名誉教授・工学博士）
- ■委　員　平野道勝（東京理科大学名誉教授・工学博士）
- 　　　　　乾　正雄（東京工業大学名誉教授・工学博士）
- 　　　　　若色峰郎（(前)日本大学教授・工学博士）
- 　　　　　柏原士郎（武庫川女子大学教授・工学博士）

建築歴史・意匠分科会

- ■主　査　谷口汎邦（東京工業大学名誉教授・工学博士）
- ■委　員　河東義之（小山工業高等専門学校名誉教授・工学博士）
- 　　　　　藤岡洋保（東京工業大学教授・工学博士）
- 　　　　　吉田鋼市（横浜国立大学教授・工学博士）

(2011年3月現在)

● 本書のサポート情報をホームページに掲載する場合があります．下記のアドレスにアクセスし，ご確認ください．

http://www.morikita.co.jp/support/

● 本書の内容に関するご質問は，森北出版 出版部「(書名を明記)」係宛に書面にて，もしくは下記のe-mailアドレスまでお願いします．なお，電話でのご質問には応じかねますので，あらかじめご了承ください．

editor@morikita.co.jp

● 本書により得られた情報の使用から生じるいかなる損害についても，当社および本書の著者は責任を負わないものとします．

■ 本書に記載されている製品名，商標および登録商標は，各権利者に帰属します．

■ 本書の無断複写は著作権法上での例外を除き禁じられています．複写される場合は，そのつど事前に（社）出版者著作権管理機構（電話 03-3513-6969, FAX 03-3513-6979, e-mail：info@jcopy.or.jp）の許諾を得てください．

シリーズ刊行の序

　人類進化の過程で人間と建築の関係は多様な歴史を経ている．地球環境の連続的な変化と集団生態としての人類の英知は地球上の各地域において独自の生活を開拓し，建築・都市の世界文化遺産を残してきた．
　しかし，地球上のどの地域にも人間が住む環境をつくることができるようになったのは，産業革命後のたかだか過去200年余りのことである．その後20世紀の科学・技術の急速な進歩は，地球環境の複雑で精緻なシステムに介入しはじめ，地球温暖化環境問題や資源・エネルギー問題を生じさせた．またこの100年余の間世界人口が10数億から60数億へと爆発的に増加する予測など，建築・都市をとりまく自然環境・社会環境の不連続ともいえる変化が進行している．このような状況に対応することも21世紀に入った建築・都市の新しい課題であろう．20世紀のわが国近代化の歩みの中で育まれた独自の建築学，技術そして芸術の総合としての建築・都市が国際的にも高い評価を得ている現在，グローバル社会の動向を踏まえながらも，国土固有の環境を再確認し，持続可能な21世紀の環境文化として建築・都市・地域を発展させることが期待されている．建築学の専門分野としては，
　（1）建築歴史・意匠　　　（2）建築計画・都市計画
　（3）建築構造・建築材料　（4）建築環境・設備
があり，これら分野の総合としての建築・都市設計がある．さらに，建築・都市技術・建設活動が展開される．
　本シリーズは，はじめて建築の学習を志す方々のために編集されたもので高等専門学校，大学・短大とこれに準ずる学校を主たる対象として建築をつくる目標に向けて，その基礎基本の考え方と知識・技能の育成に供し，さらに建築設計という総合化プロセスに求められる思考と能力の習熟に資することを目標にしている．国によって定められる「建築士」には，一級建築士，二級建築士および木造建築士がある．本書は先述のごとく建築学の入門書として専門分野の基礎基本を学習する機会を提供することを意図したが，結果として建築士受験の学習支援として役立つものとなろう．

監修委員会

建築歴史・意匠分科会　序文

　一般の科学や技術の学習・研究においても歴史を知ることは重要であるが，人類の主要な学術・技術の1つであり，かつ芸術でもある建築においては，歴史はさらに重要性を増す．それは，芸術が必ずしも一直線に進歩・発展するものではないのと同じように，建築も新しい建築がすべてにおいてすぐれているわけではないからである．したがって，少なくともその造形面においては，歴史から大いに学ぶ必要がある．あるいは，自然・風土との共生，機械や人工エネルギーに頼らない都市や住まいのあり方などにおいても，歴史は多くの有用な情報をもたらしてくれるであろう．それに，19世紀までは，過去の様式を学ぶことが，すなわち設計であったから，建築史は建築を学ぶ者の最重要課題であった．

　建築史は，いわゆるモダニズム（近代主義）の登場以来，それほど重要視されない時期もあったが，今日，歴史的景観の重視や，歴史的資産の保存活用という考えを背景に，再び注目されている．建築が専門でない人にも，まちづくりやまちおこし，あるいは郷土の歴史の探求のために，建築史を学ぶ人が多い．

　建築歴史・意匠分科会では，現在の建築の教育機関で普通行われている建築史の授業の分け方に従って，「日本建築史」「西洋建築史」そして「近代建築史」の3冊に分けて建築史の入門シリーズを刊行することにした．それぞれコンパクトな本ではあるが，情報量をできるだけ多くし，かつ読みやすく，読み物としても通読できるようにしようと努めた．この3書が，建築を初めて学ぶ人の入門書として読まれることはもちろん，広く一般の読者ができることを期待する次第である．

建築歴史・意匠分科会

まえがき
― 近代建築史を学ぶ意味 ―

　近代建築史は近代の建築の歴史を語るものです．その「近代」をどう定義するかによって，その叙述をどこからはじめるかが変わります．ルネサンス以降を広義の「近代」と見なす考え方もありますが，本書では建築界での一般的なやり方を採用し，イギリスで最初の産業革命がはじまった頃，つまり18世紀の後半からとします．というのも，啓蒙思想のような新しい考え方が登場するとともに，産業革命の進行にともなって，機械による大量生産がはじまり，建築に対する考え方やモノのつくり方が変わりはじめ，それによって今日につながる近代社会が形成され，建築や都市も変容したからです．

　産業革命は科学技術の進歩によって起こったものですが，それはまた科学技術のさらなる発展をうながしました．大量生産を可能にする新たな機械や技術が次々に発明され，資本をもつ人々（資本家）によって工場がたくさんつくられ，そこで働く人たち（労働者）が農村から流入しました．従来の王侯貴族や聖職者に代わって資本家が新たな社会の上層を形成するようになり，その一方で労働力以外の資産をもたない，下層の労働者階級が生まれました．集まってきた多数の労働者のための劣悪な集合住宅が都市内に乱立するようになり，都市が過密になるとともに，衛生問題が発生しました．労働者のような社会的弱者の人権の重視など，民主主義的な施策も提唱されるようになりました．科学技術の発展はまた，新たな大量輸送機関，つまり鉄道（電車を含む）や自動車，蒸気船を生み出しました．しかし当時の都市はこのような人口増加や，衛生問題，交通問題に対応するようにはつくられていなかったので，改造が必要になりました．このように，産業革命は社会を変え，さまざまな問題や可能性をもたらすきっかけになりました．

　それまで建築家が設計する建物といえば教会や修道院，宮殿，大邸宅ぐらいしかありませんでしたが，近代国家の行政を専門に担当する官僚の台頭や，資本主義の進展にともなって，官庁建築やオフィスビル，証券取引所，ホテル，中央市場などが，また大衆の啓蒙や技術者養成の必要が認識されるようになって図書館・博物館・美術館や大学などの教育施設が，さらには技術の進展にともなって駅や工場などが必要になり，ビルディングタイプ（建物の種類）が一挙

に増えました．社会の変容が建築家に新しい課題への対応をせまることになったのです．

　近代テクノロジーは建築のデザインにも影響を与えました．機械が社会に浸透していくにつれて，それに触発されたデザインが提案されるようになりました．機械をモデルにした建築はその典型で，機械を，明確に設定された目標を果たすべくつくられたものと見て，建築もそれにならうべきだという主張がなされ，機械が象徴する最新のテクノロジーを使えばそれまで不可能だった新しい表現が実現できるということで，それを活用しようとする建築家も登場しました．

　このような社会の激変は，新しい考え方が支配的になってきたことにも関係しています．とくに合理主義思想が台頭したことが重要です．それは，人間の理性を信頼する（それによって真実に到達できる）という考え方です．西欧の歴史で何度か支配的になった思想でもありますが，近代において合理主義思想が盛んになるにつれ，それによって社会の問題を認識し，よりよい方向にもっていくべきだという流れが出てきました．その一方で，合理主義によって個々の人間の存在が軽視される傾向を批判し，人間の内面や感性を重視し，それを表現しようとするロマン主義の流れも現れました．

　近代建築史は，それまでの社会とは大きく異なる，近代社会の建築や都市についての問題や，それに対応しようとした建築家の思想やデザインについて語ります．それは，私たちが暮らしている今の環境がどのように形成されてきたのかを知ることでもあります．もちろん，それらの問題への対応は完全なものではありませんでしたが，その試行錯誤の歴史を知ることが，より広い視野から今の建築をどう考えるかという問題に対して，手がかりを与えてくれます．

　この本では，欧米と日本の近代建築史を2部に分けて語っています．第1部がおもに欧米を扱い，2部では日本について語ります．どちらも近代のできごとであり思想であるという点で大きな違いはないともいえますし，日本の建築は欧米の影響を受け続けていたわけですから，一緒に語るというやり方もないとはいえませんが，この本が日本の建築学生に向けて書かれたものであるということから，このような2部形式をとっています．まず欧米の歴史で近代の建築や都市，技術についての全体の流れを把握し，その後で，それとの関係を意識しながら日本の近代について考えるというのが理解を深めるのにいいと思われるからです．近代世界の流れを把握することは，その一員である日本のことをより深く知るために有意義ですし，日本で学ぶ学生にとっては日本独自の状況にも目を配る必要があるからです．それを念頭に，第2部では，法律などの制度や日本社会の変動についてもかなりていねいに紹介しています．というのも，

ここでは欧米の傾向を念頭に置きつつ，それを導入した日本特有の状況を知っておくことがその受け入れ方を理解するのに有益だろうと考えたからです．

　ここで，この本で使われる「近代建築」という語の定義について触れておきます．1980年代半ばまでの近代建築史では，それは合理主義を基盤とし，線や面などの幾何学的・抽象的な要素の組み合わせを重視する新しい美学に基づいたもので，近代に建てられた建物すべて(「近代の建築」という意味)ではなく，もっと狭い範囲の建築をさしていました．簡単に言えば，それは近代化というテーマに前向きに対応しようとした建築だけを意味していたのです．しかし，その近代建築自体に疑問の目が向けられはじめるにつれ，それ以外の建築の潮流にももっと目を向けるべきだという批判が出されるようになって，「近代の建築」(近代につくられた建築すべて)を「近代建築」と呼ぶ傾向が目立ってきました．日本近代につくられたレンガ造の建物などを「近代建築」と呼ぶことがあるのはその一例です．あわせて，従来の「近代建築」をそれと区別するために「近代主義建築(モダニズムの建築)」と呼ぶようにもなりました．「近代建築」という語を巡ってこのようなまぎらわしさがありますが，「近代主義建築」という語がひんぱんに登場すると煩雑になるので，その語の定義を確認するために一部ではその表記を使うことがあるものの，それ以外は「近代主義建築」をさして「近代建築」と呼んでいます．この本ではその語を「近代の建築」という意味では使いませんので，混乱は避けられるはずです．ちなみに同種の言い方として，「近代主義」(モダニズム)がありますが，これは，合理主義を基盤とする新しい美学，つまり線や面のような抽象的・幾何学的要素の組み合わせ(構成)によって新しい美がつくられるという考えにもとづいた芸術や社会改革についての改革志向を意味するとともに，日本においては，近代化を達成した西洋を理想化してとらえ，それに近づくことを目ざす動きも意味します．

　建築史は過去の事実をもとにつむぎ出されますが，事実は無数にありますし，その事実を並べるだけでは「歴史」にはなりません．歴史とは，無数の事実の中から重要と思われる項目を選び出し，それを解釈によって関係づけて，現代における意味のあるメッセージとして提出することです．当然ながらそこには著者の価値観が入り込みます．つまり建築観など，著者の見方(枠組み)がそこに反映しているわけです．特に近代建築史の場合，現在までを叙述対象に含むので，常に書きかえをせまられる宿命を背負っています．そこでの見方は完全ではあり得ませんし，時代によって変わらざるを得ないものではありますが，それでもその存在意義はあるのです．なぜならば，なんらかの見方を与えられなければ，人は建築や都市を「見る」ことすらできないからです．人はある枠組みを与えられてはじめて「見る」ことができます．現代人の前にある「過去」

はそのままでは単なるカオス(混沌)にすぎず，そこに意味づけをしようとする行為が「歴史」といわれるものです．というのも，人は生きていくために自分を取り巻く世界を認識し，了解しなくてはならないからです．どのような経緯を経て今があるのか，どのような建築に意味を見ればいいのか，もっといえば，よりよく生きるために何に意味を見ればいいのかを知りたいと願っているということです．しかし，われわれを取り巻く世界は，眺めているだけでは何も教えてくれません．何らかの枠組み(見方)を与えられなければ，それが自分にとって意味のある世界にはならないのです．要するに，今をよりよく知るために，そして今どのような建築をつくればいいのかを考える手がかりを得るために，建築史を学ぶ必要があるのです．

　かりにいま皆さんの前に竣工したばかりの建物があるとします．皆さんはその建物に対して，きれいだとか，立派だというような印象を抱くことはできるでしょうが，それだけではその建物が今の建築界でどのような意味をもつのか，そこに他の建築家が問題にすべき重要なテーマがあるのかどうかは判断できません．そのような一歩進んだ思考のためには，近代建築史や建築デザインの知識(枠組み)が必要です．たとえば，これは過去のある有名な建築家の思想に影響を受けたもので，その思想に新たな可能性を見出した点で重要だとか，現在のデザインの主流に対して批判的位置に立つものだとか，そこに適用されている構造技術とデザインの関係は新しいというような，より深い理解をするためには(それがよく「見る」ということの意味です)，そして新しい建築を構想していくためには，そのような知識が必須なのです．新しい建物や思想はつねにつくり出されていきますし，その意味を考えようとすることから近代建築史の枠組み自体も徐々に変わっていきます．つまり，近代建築史は，現代の建築のつくりかたを規定する枠組みのひとつであるとともに，つくられたもの(新しい建築や思想)によってその枠組み自体がつくりかえられていくものなのです．このような，「見方(枠組み)」の提示，それによる新たな建築や思想の評価，その評価がもたらす「見方(枠組み)」の変化という循環，単純化していえば，「見方」と「新たな価値の提示」の連鎖が建築の言説の世界を構成しているのです．

　この本で示した「見方」は，他の近代建築史と同様，完全なものではありえないわけですが，かなり視野の広い，汎用性をもったもので，近代の建築の歴史を皆さんが理解するのに有効な枠組みだと信じています．「過去」を語るときの素材になる「事実」はきちんとした手続きを経て多くの人の承認を得られたものでなくてはならないので，自分勝手な思いこみは許されません．この本の記述もそのようなルールに従っているという点で公共性をもち得るものです．とりあえずここに使われた「見方」を使って近代の建築や都市を「見る」こと

は，それらに対する皆さんの理解度を高めるのに役立つはずです．将来皆さんが建築により深く関わるようになれば，そこで得た経験を踏まえて徐々に独自の考えがもてるようになります．もしその時に私が皆さんに示した「見方」を変えたいと思えば，それは皆さんがプロになったことの証でしょうし，別に批判されることではないのです．建築史(歴史)は過去の事実の完全無欠なリストではありません．あくまでも著者が重要と考えた少数の事実を組み合わせてつくられた「解釈(物語)」であり，それは「見る」ための枠組みを提示している点で，またいまどのような建築をつくればいいのかという究極のテーマに示唆を与え続ける点に，その存在意義があるのです．

　皆さんが建築界に参加しようとするとき，そこにはすでに何らかの考え方ややり方が存在しています．その作法をまず身につけることが，いいかえればそこで使われている言葉(概念)ややり方を習得することがプロになるための第一歩です．建築史はそのひとつで，過去を意味あるものにすることを通して皆さんを後押ししようとするものです．

2011年1月

藤岡洋保

目　次

まえがき ― 近代建築史を学ぶ意味 ―

〈第 1 部／欧米編〉

第 1 章　「近代」という時代

概説 ◇ 3
1.1　啓蒙思想の影響 ◇ 4
1.2　都市問題 ◇ 9
1.3　「国民国家」という枠組み ◇ 10
　演習問題 ◇ 11

第 2 章　時代の変化と建築表現

概説 ◇ 12
2.1　ビルディングタイプの多様化 ◇ 13
2.2　「新しさ」という価値 ― アール・ヌーヴォー ― ◇ 18
2.3　構造技術とデザイン ― シカゴ派 ― ◇ 21
　演習問題 ◇ 24

第 3 章　都市計画の提案

概説 ◇ 25
3.1　ユートピアンの提案 ◇ 26
3.2　パリ改造計画 ◇ 27
3.3　田園都市 ◇ 29
3.4　アメリカの都市 ◇ 30
3.5　工業都市計画案 ◇ 30
　演習問題 ◇ 32

第4章 「機械」の美学

概説 ◇ 33
4.1 ドイツ工作連盟 ◇ 34
4.2 テクノロジーとデザイン ◇ 35
4.3 バウハウス ◇ 39
4.4 ル・コルビュジェ ◇ 41
4.5 CIAM ◇ 45
4.6 インターナショナル・スタイル ◇ 46
4.7 アール・デコ ◇ 49
　演習問題 ◇ 49

第5章 「自然」をモデルにする建築

概説 ◇ 51
5.1 表現主義 ◇ 52
5.2 有機的建築 ◇ 53
　演習問題 ◇ 57

第6章 「伝統」のデザイン

概説 ◇ 58
6.1 「伝統」という新しいテーマ ◇ 59
6.2 イデオロギーの表現 ― 国家を飾るデザイン ― ◇ 59
　演習問題 ◇ 62

第7章 技術の発展と表現

概説 ◇ 63
7.1 高層ビルの建設 ◇ 64
7.2 技術の発展とデザイン ◇ 68
7.3 戦後のル・コルビュジェ ◇ 71
7.4 「反建築」 ◇ 73
7.5 戦後の都市計画 ◇ 74
　演習問題 ◇ 75

第8章　相対主義的思考

概説 ◇ 76
8.1　ニュー・ブルータリズム ◇ 77
8.2　空間の差異化 ◇ 77
8.3　地域性及び多様性への関心 ◇ 79
8.4　ポスト・モダニズム ◇ 81
　演習問題 ◇ 84

第9章　建築のあり方への関心

概説 ◇ 85
9.1　レム・コールハース ◇ 86
9.2　「建築」の概念の拡散と「構成」への関心 ◇ 88
9.3　「have-toの建築」から「can-beの建築」へ ◇ 90
　演習問題 ◇ 91

〈第2部／日本編〉

第10章　富国強兵・殖産興業

概説 ◇ 95
10.1　西洋建築の導入 ◇ 96
10.2　居留地 ◇ 99
10.3　銀座レンガ街計画 ◇ 100
10.4　工部大学校とコンドル ◇ 101
　演習問題 ◇ 102

第11章　歴史主義の展開と近代技術の導入

概説 ◇ 103
11.1　コンドルの弟子たち ◇ 104
11.2　鉄・セメント・コンクリート・板ガラス ◇ 106
11.3　近代都市への改造 ◇ 109
　演習問題 ◇ 111

第12章　伝統への関心　― 国民国家の要請 ―

概説 ◇ 112

12.1　日本独自の表現を求める動き ― 明治宮殿の建設 ― ◇ 113
12.2　帝国議会議事堂建設計画 ◇ 114
12.3　明治神宮の造営 ◇ 115
12.4　「和」と「洋」の併存 ◇ 118
　　演習問題 ◇ 120

第13章　近代主義の影響

概説 ◇ 121
13.1　新様式を求める動き ◇ 122
13.2　関東大震災復興事業 ◇ 124
13.3　近代建築の導入 ◇ 128
13.4　合目的性重視と威厳の表現 ◇ 131
　　演習問題 ◇ 133

第14章　近代主義の展開

概説 ◇ 134
14.1　戦災復興 ◇ 135
14.2　近代建築の探求 ◇ 138
14.3　技術の表現 ◇ 141
14.4　マンションの増加 ◇ 147
14.5　開発至上主義への疑問 ◇ 148
　　演習問題 ◇ 151

第15章　近代主義への懐疑

概説 ◇ 152
15.1　ポスト・モダニズムの影響 ◇ 153
15.2　「建築」という概念の拡散 ◇ 155
演習問題 ◇ 158

あとがき ― 近代建築史からのメッセージ ― ◇ 159
図版出典 ◇ 161
近代建築史年表 ◇ 168
索　引 ◇ 170

第1部　近代建築史
欧米編

第1章
「近代」という時代

[概説]

近代は，考え方やモノのつくり方，社会のあり方が大きく変わった時代である．特に合理主義は近代を支えた重要な思想で，ここではまず，それが建築に与えた影響について語る．合理主義は理性を尊重する思想で，ものごとのうわべの多様性にではなく，その裏に潜むと考えられる本質的要素・普遍的要素を重視する．

その合理主義を背景に台頭した科学技術が産業革命につながり，モノの生産方式が，手仕事による一品生産から機械を使った大量生産へと変わった．それは工場を持つ資本家とそこで働く労働者という新しい社会階級を生み出し，農村部の余剰人口が労働者として都市に集められ，都市の過密化が起こって，衛生問題などの要因になった．

その一方で，理性ではなく感性を重視するロマン主義も台頭した．そして，ヒューマニズムも登場した．それは人間の自由と尊厳を尊重するもので，平等や基本的人権が重視され，福祉政策が重要になり，それに対応する建築が求められるようになった．

合理主義を基盤にした科学技術の進歩は，鉄骨造や鉄筋コンクリート造，板ガラスなどの新しい構造・材料の登場につながり，建築に新しい可能性を開いた．

また，鉄道(電車を含む)や自動車を生み出すとともに，それが狭い路地で構成されていた都市に新たに建設されるのにともなって，交通問題が起こった．

この章では，近代特有の統治形態である「国民国家」についても紹介し，それが近代における建築のあり方を規定する重要な基礎概念であることに注意をうながす．「国民国家」は，明確に定められた国境を持ち，その内側にいる人々を「国民」として位置づける．そしてその国境内における主権を主張し(それが侵された場合にはそれを撃退できる武力を持つということ)，「国民」を守る義務を負うとともに，その一体化を図るために教育やジャーナリズムを重視し，貨幣制度や交通体系などを整備する．これは，現在ではあたりまえの国家のあり方で，1648年のウェストファリア条約によって，ヨーロッパの国家が当時の境界線(国境)をお互いに承認し，それぞれの国家の存続を図ることに合意したのがもとになっているが，実際にそれが成立したのは18世紀後半だった．その新しい体制が，官庁や博物館，

大学をはじめとする教育機関，警察，裁判所，中央市場，軍事建築などを必要としたのである．また資本主義の進歩は，駅やオフィスビル，証券取引所などを新たに必要とした．こうして，近代にはビルディングタイプ（建物の種類）が大幅に増え，それは建築家にとっての新しい課題になった．

1.1 啓蒙思想の影響

(a) 合理主義とヒューマニズム

イギリスのジョン・ロック（John Locke, 1632-1704）らによってはじまった啓蒙思想が18世紀の西欧で主流になった．それは，理性を信頼し活用することによって従来の因習や無知を打破しつつ，人間性を重視する新しい社会をめざそうというものだった．つまり，その中心は合理主義とヒューマニズムである．

合理主義（理性信頼主義）は，理性の光で照らすことによって，物事のうわべではなく，その奥に潜むと考えられる普遍的・本質的要素を認識できる（真実に到達できる）とするものである．その理性を活用すれば現実の社会の問題点を把握でき，しかもそれは理性の力によって解決可能と見なされるから，改革志向が強くなり，時代が進むにつれ人間は進歩してさらに理性的になると信じることになり，よりよい社会が実現するはずだという楽観主義的な認識につながる．

建築は基本的に一品生産で，古今東西の建築は多様性に富むともいえるが，この思想が建築に向かうと，その多様性にではなく，それらすべてを成立させるのに必須の本質的・普遍的要素，いわば建築の最大公約数ともいうべきものの存在を信じ，それが建築の必須の要素として重視されることになる．その最大公約数的（本質的・普遍的）な要素としてあげられたのが，柱・梁などの構造要素であり，建築を，幾何学的で抽象的なヴォリュームの構成（組み合わせ）と見なす考え方だった．それは，建築においては，時代や場所を越えた普遍的価値を重視するべきだということであり，そのような普遍的な要素だけで建築をつくれば，それは，どこでも，いつの時代でも有効な「真の建築」になるはずだということである．このような考え方のもとでは，装飾は付加的で本質的ではない要素ということで，排除すべきものになる．

また，合理主義はものごとの本質を理性によって明らかにすることをよしとするから，それは当然科学的態度を尊重することになり，科学技術の発展をうながす．それは世界中どこでも有効（普遍的）なものだから，その科学技術の成果を活用する建築は「いい建築」ということになる．それは，鉄骨造や鉄筋コンクリート造のような新しい技術を活用することをうながし，レンガ造や木造のような，伝統的な，またローカルな材料や工法は，限定された場所でしか有効でないものとして軽視されがちになる．さらに，理性を適用すれば都市の問題を認識でき，その解決策を見出せると信じることになるから，よりよい状態を実現するた

めに，都市計画が積極的に提案されることにもなった．

一方，ヒューマニズムは，人間の能力を信じ，他の生物にはない理性を活用することによって，よりよい社会が実現できるとする，人間の自由と尊厳を重視する思想である．そこから人権尊重などの思想が生まれ，それはやがてフランス革命やアメリカ合衆国の建国，さらにはその後の民主主義国家の建設につながっていくことになった．そこでは人間の平等や基本的人権が重視され，公営住宅の建設（裕福な人たちから徴収した税金を使って社会的弱者の住宅問題に対応するということ）などが正当化されることになった．

(b) ロマン主義

合理主義の台頭にともない，それに対抗するかたちでロマン主義が登場した．合理主義が理性重視であるのに対し，ロマン主義は感性重視である．合理主義が個人を超えた普遍的価値（規範）を重視するのに対して，ロマン主義は個人を重視し，特別な才能を持った天才（優れた個性を持つ人たちのことで，芸術家はその好例）を賞賛する．また，合理主義が本質的・普遍的価値を重視するのに対し，ロマン主義は「変化」こそがものごとの真相（真実の姿）だと考える．「変化」に価値を見るロマン主義は近代歴史学の形成をうながした．また，自然と一体化した建築や，廃墟に関心を寄せるというような新しい感性を育成した．

合理主義とロマン主義は，真の建築とは何か，また建築はどうあるべきかという問いに対して，それぞれの立場から異なる考え方を提出し，からみあいながら近代の建築の歴史を形成していくことになった．

(c) 科学技術の進歩

近代には新しい材料や新しい構造法が登場した．先に述べたように，それは合理主義の成果のひとつである．

近代になって登場した新しい建築材料は，鉄，セメント，板ガラスである．ちなみに，鉄は古代から利用されてきた金属だが，大量生産が可能になった18世紀後半になってはじめて建築の主な構造材として使えるようになった．そのきっかけはイギリスのエイブラハム・ダービー親子（Abraham Darby，父1677-1717，息子1711-63）がコークスを使って鉄鉱石を高温で溶かす技術を開発したことで，それによって鉄を大量に生産できるようになった．当時の建築に用いられた鉄は鋳鉄と呼ばれるタイプで，溶かした鉄を鋳型に流し込んでつくるものだった．これは同型の部材を大量生産するのには適しているが，脆いという弱点もあった．鋳鉄に続いて錬鉄が開発された．これは鋳鉄よりも炭素分を減らし，粘り強くしたものである．

鉄，特に錬鉄は引っ張り力に強く，スパンの広い構造に適しているということで，橋梁や建物の小屋組に使われはじめた．コールブルックデールの鋳鉄橋（1779，図1-1）はその初期の例である．また，当時イギリスでは乱伐によって建築用木材が不足していたため，その代用品として，鋳鉄が柱などの構造材に用いられるようになった．19世紀後半になると，1851年にロンドンで開かれた第1回万国博覧会のパヴィリオン

であるクリスタル・パレス(ジョセフ・パクストンJoseph Paxton, 建物の長さは年号に合わせて1851フィート, つまり約561m, 図1-2)をはじめ, ロンドンのセント・パンクラス駅の上屋(ウィリアム・バーロウWilliam Henry Barlow, 1874, スパン74m, 図1-3), 1889年のパリ万国博覧会のエッフェル塔(ギュスターヴ・エッフェルAlexandre Gustave Eiffle, 高さ300m)・機械館(スパン115m, 長さ420m, 図1-4)のような, 鉄骨の大架構が登場した.

ちなみに, 1880年代に, 鋳鉄や錬鉄よりも強度と粘性がある鋼鉄の大量生産が可能になって建築への利用の道が開けてからは, 構造材には鋼鉄が用いられるようになった.

工業製品としてのセメントの歴史は, イギリスのレンガ職人ジョセフ・アスプディン(Josef Aspdin, 1779-1855)が1824年にポルトランド・セメントの特許をとったことにはじまる. そして, そのセメントに砂と砂利, 水を混ぜて固めてつくられるコンクリートに鉄筋を組み合わせるという新しい

図1-1 コールブルックデールの鋳鉄橋

図1-2 クリスタル・パレス

図1-3 セント・パンクラス駅

図1-4 1889年パリ万博機械館

構造法,つまり鉄筋コンクリート造が19世紀後半に登場した.鉄筋コンクリート造のアイデアはフランスのフランソワ・コワニエ(François Coignet, 1814-88)がコンクリートを鉄の網で補強する方法(特許1854)を提案したのにはじまるとされる.1867年には,ジョセフ・モニエ(Joseph Monier, 1823-1906)が鉄筋で補強したコンクリート製大型植木鉢の特許をとった.モニエはその後も同様のアイデアを階段などの建築部位に適用し,特許をとった.

鉄筋コンクリート造実用化のための工学的研究を進めたのはドイツである.グスタフ・ヴァイス(Gustav Weiss, 1851-1917)がモニエの特許をドイツで使用する権利を得,マティアス・ケーネン(Mathias Könen, 1849-1924)とともに研究をはじめた.

鉄筋コンクリート造の試行期には鉄筋の断面形や配筋法に対してさまざまなアイデアが提案されたが,今日につながる技術としては,フランソワ・アンネビーク(François Hennebique, 1842-1921)の1892年の特許が注目される.そこでは,丸鋼の使用,接合部で鉄筋を絡み合わせてジョイントを剛にすること,主筋端部を曲げること,スターラップ(肋筋)を使用することなどが提案されていた.

初期の鉄筋コンクリート造建物の例としては,パリのサン・ジャン・ド・モンマルトル教会(1897,図1-5)などがある.また,この新構造に積極的だった建築家にオーギュスト・ペレー(Auguste Perret, 1874-1954)がいる.彼は,この新技術を活用して,大きな開口を持つフランクラン街のアパート(1904,図1-6)やポンテュー街のガレージ(1905)などを設計した.その立面は,比例に配慮した,シンプルで秩序を感じさせるものだったが,そのもとになったのは,

図1-5 サン・ジャン・ド・モンマルトル教会

図1-6 フランクラン街のアパート

ペレーがエコル・デ・ボザール(1816年創立の国立美術学校)で学んだ古典主義系の美学である．ちなみに，古典主義とは古代ギリシャ・古代ローマ建築を理想とし，そこに真の建築の原理を見出そうとするもので，エコル・デ・ボザールはそれを体系的に教育する学校だった．つまり，新しい技術が新しいデザインを生み出したのではなく，古典主義という，すでに体系化されていた構成原理を習得していたからこそ，ペレーは新しい技術に対応することができたという意味である．これは，新しい技術の採用が直ちに新しい形を約束するというわけではないということで，技術と形は一対一に対応するものではなく，新しい技術に対応するには，既存の手法を適用することからはじめるしかないことを示唆する例でもある．

板ガラスは，1800年頃に円筒法が開発されて大量生産が可能になった．こうして板ガラスをたくさん使えるようになり，それまで不可能だった建築表現が可能になった．それを象徴するのが先掲のクリスタル・パレス(1851, 図1-2)である．それは鉄骨造の巨大構造物だったが，屋根を含め，その構造体の間はほとんどすべて板ガラスで覆われ，きわめて明るく開放的な内部空間，そして内外空間の相互貫入(外から中が見え，中から外が見える)という新しい建築空間のあり方を示す先駆的な例になった．

合理主義的思考は，解析手法の進歩や，図法の整備，新しい寸法体系の導入にもつながった．17世紀の終わり頃からフランスでアーチの解析手法が研究されはじめ，19世紀には不静定構造の解析手法が提案された．ナヴィエ(C. L. M. Henri Navier, 1785-1836)の応力法(力を未知数とする連立方程式を解く方法)や，クレープシュ(Alfred Clebsh, 1833-72)の変位法(変位を未知数とする連立方程式を解く方法)，カスティリアーノ(Carl Alberto Castigliano, 1847-84)の最小仕事の原理などにより，構造解析の基礎がつくられた．

また，材料力学は，17世紀末から18世紀にかけての微積分学の発展の成果を適用して実用化された．

3次元の物体(建築)を2次元の用紙に図面として描く方法は，ガスパール・モンジュ(Gaspard Monge, 1746-1818)の『画法幾何学』(1799)によって体系化された．そこで重視された要素が，物体の形，大きさ，要素の位置関係であったこと，つまり素材や色，テクスチャーのような表層的な要素ではなく，より本質的と考えられる要素に関心が寄せられていることからも，それが合理主義を基盤とするものであることがうかがえる．このモンジュの提案が，今日まで続く図面の描き方の基本になった．

また，メートル法が1801年にフランスで採用された．これは地球の子午線の4千万分の1を1メートルとするというもので，人体に由来する従来の寸法体系ではなく，地球という人類共通の普遍的な物差しを規準にするという点で，合理主義の典型的な産物といえる．この新しい寸法体系は，1803年にイタリアで，1820年にはベルギー，オランダで採用され，その後世界中に広まっていった．

1.2 都市問題

(a) 都市問題の発生

19世紀の西欧では急激な人口増加が見られた．その背景には，科学技術の発展による農業技術の進歩や，エドワルド・ジェンナー（Edward Jenner，1749-1823）の種痘の発明（1798）に代表されるような医学の進歩があった．農業技術の進歩は食糧増産が可能になったこと，つまりより多くの人口を養えるようになったことを意味し，医学の進歩（死亡率の低下）とあいまって人口増加につながった．こうして農村部で増えた余剰人口は都市部に流入し，都市につくられはじめた工場の労働者になった．都市居住者の割合が激増したのも19世紀の特徴である．1801年から1901年の百年間に，ロンドンの人口が100万人から650万人に，パリでは50万人から300万人に，新興工業都市のマンチェスターでは7万5千人から60万人になったことに示されるように，都市の人口が急増したため，住宅不足や過密化が問題になり，疫病の流行などの衛生問題の要因にもなった．当時の都市は壁で囲まれていた（その大きさが限定されていた）ので，人口密度が急上昇することになったのである．

産業革命が最も早く進行したイギリスではその影響が深刻で，政府は1848年に，塵芥回収・道路改修などを自治体に義務づけた衛生法を制定し，1866年の同法改正では，職人および労働者住居条例を定めた．これらの対策が実施されたということは，当時の居住環境の悪化が都市においていかに深刻だったかをうかがわせる．

(b) 新しい交通機関の登場と交通問題

その一方で，19世紀には，科学技術の進歩により，新しい交通機関が登場した．まず，鉄道の営業運転がイギリスで1825年にはじまった．同じくイギリスで蒸気バスが1831年に営業を開始した．電車は，エルンスト・ヴェルナー・フォン・ジーメンス（Ernst Werner von Siemens，1816-1892）が1881年にベルリン郊外で実用運転をしたのが最初とされる．さらには，自動車が19世紀末には実用の域に達した．その後主流になるガソリン自動車は1886年にカール・フリードリッヒ・ベンツ（Karl Friedrich Benz，1844-1929）が発明し，運転にも成功した．

これらの新しい交通機関は従来の都市の変革をうながさずにはおかなかった．たとえば，鉄道の登場は，新たな都市施設として「駅」が必要になることを意味するし，従来の曲がりくねった狭い道路では，電車やバス，自動車の通行にはとうてい対応できなかった．そのような交通問題が解決すべき緊急の課題のひとつになったのである．

1.3 「国民国家」という枠組み

(a) 国民国家の形成

「国民国家」とは，国境によって明確に区切られた領域を持ち，その領域内に主権を主張する国家であって，その領域内の人々が国民としての一体感を共有している国家のことをいう（要するに，現在地球上のどの国でも採用している国家のあり方のこと）．アメリカ合衆国の建国(1789)やフランス革命(1789-94)後のフランスにはじまり，その後世界中で採用された近代特有の国家形態である．現実には国境は多分に偶然性によって決まっているので，その中の「国民」は，言語や文化を共有するひとつのまとまりを形成していないことが多い．つまり「国民」は，人為的な集団に過ぎない．そのために，その「国民」の統合を図るために，また国家がその「国民」を守るために，国民国家ではさまざまな仕組みが必要になる．というのも，国家に対する国民の献身なくして国民国家は維持できないからである．国民には国家維持のために税金を払ってもらわなければならないし，徴兵制のもとに国家防衛や発展のために協力してもらわなければならないからである．そのために，政治的な統合が必須になり，議会制度の創設や，政府機関の整備が行われる．また，治安や外敵からの攻撃から国民を守るために，警察や軍備が必要になる．義務教育やジャーナリズムの普及というかたちで知識や情報を共有させるとか，交通体系や土地制度，金融制度，税制を整備して経済的な統合をめざすことにもなる．さらには，「国民」としての一体感を維持するための手段が必要になる．国歌や国旗を制定して共有のシンボルにするのはその代表的な例である．また，「国民」が他国とは異なる独自の文化を共有していることを強調するために「国民文学」や「国語」，その国の歴史，伝統が重視されることになった．

(b) 国民国家が要請する建築

これらの制度の創設は，建築と無関係ではない．それらを実現するために，学校や博物館・美術館，議会や裁判所，警察など，さまざまな施設（インスティテューション）の設置が必要になるからである．つまり，「国民国家」という新しいシステムの登場が新しいビルディングタイプ（建築の種類）を要請することになったのである．それらの多くは近代になって登場した新しい課題であり，このようなビルディングタイプの多様化にどう対応するかが建築家にとっての新たなテーマになった．たとえば，「駅」や「オフィスビル」は近代になって登場した新しいビルディングタイプなので，それにふさわしいデザインを考えようとしても，「教会」などとは違って，前例を参照するようなことはできない．設計者は自分の提案するデザインに必然性を持たせたい（それがその課題に対する最善の対応策であることを主張したい）ので，「駅らしさ」，「オフィスビルらしさ」などを表現するための方策を新たに模索する必要にせまられたの

である．

　また，歴史や伝統を重視することは，他の国とのちがいを明確にし，その国独自の価値（ナショナル・アイデンティティ）を強調するうえで意味があるから，それを建築に表現しようとする動きが出てくる．「伝統表現」は，一見過去を志向しているようで，実は近代特有の要請であり，「国民国家」という新しい体制が必要とする，新たなテーマのひとつだったのである．

　ちなみに，経済的な統合の過程で登場したのが資本主義である．これは，ひとつのモノに1人の所有者が対応し，そのモノ（商品）の価値を，貨幣という数値で表示するための特別な役割を与えられた商品を媒介にして，市場で交換可能にするというシステムである．これによって，モノの交換が従来よりもスムーズに行われることになった．しかし，それは土地すらも商品になったことを意味する．その売買がより活発に行われることになれば，その上に建つ建物の更新をうながすから，建物の寿命が短くなることにもなった．また，資本主義の発展は，オフィスや株式取引所，中央市場などの新しいビルディングタイプの建設につながった．

● 演習問題

1. 合理主義的な建築思想の特徴を述べなさい．
2. ロマン主義的な建築思想の特徴を述べなさい．
3. 18世紀後半から19世紀にかけての鉄骨造の歴史を説明しなさい．
4. 19世紀に形成された新しい建築材料を列記し，それぞれの歴史を略述しなさい．
5. 19世紀の西欧の都市に起こった都市問題の原因やその問題の特徴について述べなさい．
6. 「国民国家」という枠組みが近代の建築の歴史を語るうえで重要である理由を述べなさい．

第2章
時代の変化と建築表現

[概説]

　近代の建築に特徴的な現象として、駅舎やオフィスビルの登場など、ビルディングタイプ（建物の種類）が急激に増えたことがあげられる。建築家から見れば設計対象が増えたということになるが、同時にそれはそのような新しいタイプの建物をどのようにデザインすればいいのかという、新たな課題に直面したということでもある。その対応策としてヨーロッパで行われたのが、「歴史主義」である。それは、過去の建築様式に何らかの意味を重ねてそれを立面に適用するというものだった。そのような過去の建築様式を適用するものとして、新古典主義（古代ギリシャ・古代ローマの様式を規範とするもの）が18世紀後半にはじまっていたが、やがて中世主義を背景にネオ・ゴシックがおこり、ネオ・ルネサンス、ネオ・バロックなど、過去の建築様式のリヴァイヴァルが続いた。19世紀にはその時代特有の様式はなく、代わりにあったのは複数の過去の建築様式のリヴァイヴァルだったのである。

　この時代に台頭した中世主義は、近代を批判しつつ、その前の時代である中世に戻ることを主張するもので、中世に行われていたゴシック様式に理想の建築を見ようとするものだった。過去を志向する、後ろ向きの思想のように思われるが、それが実は次の時代の建築思想を用意することになった。というのは、中世主義は、中世という時代に特有の様式としてゴシック様式を重視したわけだから、それは時代と様式が密接不可分の関係にあることを示唆し、それが現代には現代特有の様式があるべきだという考え方につながるからである。また、中世主義者が重視した、簡潔さを重視した表現も後のデザインに大きな示唆を与えた。

　そのような動きを背景に、19世紀末の西欧に、アール・ヌーヴォーという、過去の建築様式を用いない、つまり歴史主義を否定する、新しいデザインが登場した。それは、日本の浮世絵に示唆を得て、平面性を重視するもので、非相称の、植物のつるのような自由曲線を特徴とするものだった。

　新大陸のアメリカでは、1870年代からシカゴで高層建築がたくさんつくられるようになり、鉄骨造を活用した、新しいデザインが模索された。その代表例がルイス・ヘンリー・サリヴァンである。彼の弟子フラ

ンク・ロンド・ライトは，流動的な空間を特徴とする，新しい住宅建築を提案した．

2.1 ビルディングタイプの多様化

(a) 歴史主義
― 機能と意味の関係の模索 ―

18世紀後半に，ヨーロッパの建築界に新古典主義が登場した．これは，それまでヨーロッパではやっていたバロック様式やロココ様式のような装飾多用の建築に対する反動で，古代ギリシャや古代ローマの建築に建築の理想や規範を見ようとするものだった．それは，本質的価値や普遍性を重視する点で合理主義的な思想に支えられており，装飾にではなく，建築の原理や規範への関心が高まってきたことを意味するものでもあった．

フランスのマルク=アントワーヌ・ロジェ（Marc-Antoine Laugier, 1713-69）は，『建築試論』(1753)に，「プリミティブ・ハット」（図2-1）と後に呼ばれることになる寓意画を掲載した．それが意味したのは，建築の原型(本質的要素)は柱や梁・扠首組のような構造要素であるという主張だった．

建築を幾何学的立体の組み合わせとして認識するという見方もあった．それはフランス革命期の建築家，エティエンヌ・ルイ・ブーレー（Etienne Louis Boollée, 1728-99）のニュートン記念堂案(1784，図2-2)やクロード・ニコラ・ルドゥー（Claude Nicolas Ledoux, 1736-1806）のショーの製塩所(1779)などに見られる．

当初，新古典主義が規範としたのは古代ローマ建築だったが，オスマン・トルコの衰退にともない，その支配下にあったギリシャを西洋人が訪れることができるようになったことで，古代ギリシャ建築のすばらしさが再認識され，古代ローマ建築と並んで新たな規範になった．このような古代ギリシャ建築への傾倒を「グリーク・リヴァ

図2-1　プリミティブ・ハット

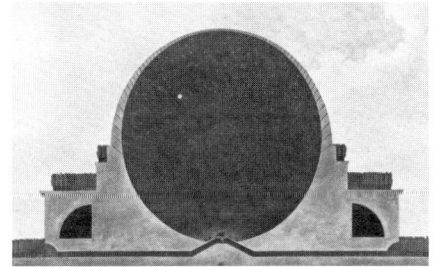

図2-2　ニュートン記念堂案

イヴァル」(ギリシャ復興)という．そのきっかけのひとつになったのがジェイムズ・スチュアート(James Stuart, 1713-88)とニコラス・レヴェット(Nikolas Revett, 1720-1804)の『アテネの古代遺物』(全2巻, 1762, 1798)である．彼らはアテネにおもむき，パルテノンなどの古代遺跡の実測図を作成した．この図集によってヨーロッパの人々がはじめて古代ギリシャ建築のかなり正確な姿を知ることができるようになったのである．グリーク・リヴァイヴァルの例としては，大英博物館(スマークRobert Smirke, 1780-1867, 図2-3)などがある．

新古典主義は新興国家アメリカでも使われた．その代表的な建築家はトマス・ジェファーソン(Thomas Jefferson, 1743-1826,

独立宣言の起草者で，アメリカ第3代大統領)である．彼は古代ギリシャやローマ時代の前半が民主制だったことにちなんで，新興民主主義国家アメリカにふさわしい様式と見なし(新興国家アメリカの威信をアピールするという意図もあったと見られる)，ヴァージニア大学(1826，図2-4)やモンティセロ(1772, 1789〜1809)を新古典主義で設計した．

19世紀には，中世のゴシック様式のリヴァイヴァル(ネオ・ゴシック)も起こった．新古典主義が合理主義を基盤とするならば，ネオ・ゴシックはロマン主義に支えられ，理性よりも感性を重視した．イギリス国会議事堂(バリー(Charles Barry, 1795-1860)&ピュージン(Augustus Welby Northmore Pugin)，主要部1860，図2-5)などはその代表例である．

古典様式やゴシック様式以外のリヴァイヴァルも起こった．ネオ・ロマネスク，ネオ・ルネサンス，ネオ・バロックなどである(「ネオ」はラテン語で，「新しい」という意味)．19世紀にはその時代特有の様式は存在しなかった．代わりに見られたのは，複数の過去の建築様式のリヴァイヴァルだったのである．ここで重要なことは，建築

図2-3　大英博物館

図2-4　ヴァージニア大学

2.1 ビルディングタイプの多様化 — 15

図2-5　イギリス国会議事堂

家にとってこれらの様式の間には優劣がつけられていなかったということである．彼らは特定の建築様式だけを用いるのではなく，複数の様式を，状況に応じて取捨選択した．このように，過去の建築様式を用いて立面を整える設計のやり方を歴史主義という．

　ただし，過去の建築様式は恣意的に用いられたわけではない．そこには大まかな基準があった．たとえば，政府関係の建物や博物館・美術館は，社会が尊重すべき普遍的価値（規範）に関わる建物であるということで，新古典主義やネオ・ルネサンス様式が用いられることが多く，劇場や宮殿には華やかさを重視してネオ・バロックが，教会建築には，中世が，キリスト教信仰が頂点に達した時代だったということで，その時代の様式であるゴシック様式やロマネスク様式が適用されることが多かった．また，学校建築にもゴシック様式が多用された．それは中世の修道院に理想の教育の場というイメージを重ねようとしたからである．

　要するに，特定の様式に何らかの意味を託して，それによって建物が果たすべき機能や場所性（建物が建設される場所の特性）を表現しようとしたということで，選択されたデザイン（様式）の正当性を，連想をもとに主張しようとするやり方といえる．一見創造性を放棄したかのようなやり方だが，近代になってビルディングタイプが一挙に多様化し，それぞれにふさわしいデザインをしたいと思っても頼るべき前例が存在しないという混乱した状況の中で，建築家が選択したのがこのやり方だったのである．視点を変えて見れば，新しいビルディングタイプが求める機能や技術からだけでは，それに対応する新しい形をつくりだすことはできないことを示唆する例ともいえる．

　ある様式を用いる際に建築史的に見て正確であることが求められるなど，科学的・考古学的態度が重視された点には，やはり近代らしさが感じられる．しかし，過去の建築様式に機能や場所性を表現するための意味を託すといっても，それがそれを見る人にそのまま伝わるとはかぎらない．連想に頼るということは，ある知識（この場合は，「様式」を意味する）を共有している社会でしか通用しないやり方ということでも

ある.また,その外観とその内側に用いられる技術(構造など)や空間には必然的な関係はなかった.歴史主義の建築にはこのような問題があるわけで,それがしだいに強く認識されはじめると,その正当性が疑われることになった.

(b) 中世主義とアーツ・アンド・クラフツ・ムーヴメント

産業革命がもっとも早く進行したイギリスでは,それにともなう問題も顕在化していた.林立する工場の煙突から出る煤煙が都市の空を覆い,資本家に搾取されていた労働者の居住環境は劣悪だった.また,機械による大量生産がはじまって,身の回りに安い金属製品が出回りはじめたが,高い職人芸を前提にしたデザインを安易に模倣したものが多かったため,装飾過多の粗悪品が横行することになった.

このような状況を憂い,近代化自体がその元凶だと考えた人たちの中から,近代を否定しつつ,その前の時代,すなわち中世に戻るべきだという批判が出されるようになった.たとえば,ピュージン(Augustus Welby Northmore Pugin, 1812-52)は『コントラスツ(対比)』(1836)で,当時の現代社会と中世とを対比的に描き,中世にこそ精神的に満ち足りた生活や誠実なモノづくりがあったと説いた.そして,その時代の様式であるゴシックを理想とし,ゴシック様式では簡潔性が尊ばれ,構造と装飾が一体化していると称賛した.このように,近代を批判しつつ,中世に回帰すべきことを主張する思想を中世主義という.その代表的な思想家として,ピュージンのほかに,ジョン・ラスキン(John Ruskin, 1819-1900)やウィリアム・モリス(William Morris, 1834-96)がいる.

ラスキンは,芸術の質の高さは労働の喜びによってもたらされると主張して,近代特有のモノづくりのやり方である,機械生産を否定した(機械には「労働の喜び」はないからその製品に芸術性はないという主張).そして当時の建築デザインを批判しつつ,中世のゴシック様式では,材料や構造が,石張りなどでごまかされるのではなく,そのまま表現されているということで,その誠実さを称賛した.それらの主張をまとめた彼の著『建築の七燈』(1849)は多くの読者を得た.彼はまた,建築を他の芸術を統合する「大芸術」だとして,高く位置づけた.これは,中世においては絵画や彫刻は建物に付随するものとして(壁画や建物の装飾として)はじめて存在できたことに注目して,すべての芸術を建築のもとに統合すべきことを主張したものであった.

モリスは,中世には正しい社会があったと信じた.彼にとって芸術は喜びの表現であり,それは手仕事を通してはじめて達成できるものだった.また,彼は当時の芸術家が「芸術のための芸術」に逃避して身の回りのモノの美化に関心を寄せないことを批判し,「万人のための芸術」を提唱した.そして,身の回りのモノに美的統一性をもたらすべきこと(小物からインテリアに至るまで一貫したコンセプトで整えられるべきだという思想で,「トータル・デザイン」と呼ばれる)を説いた.彼は自邸レッド・ハウス(1859,図2-6)で友人の建築家たちとその実践を試みたのを皮切りに,1861年

2.1 ビルディングタイプの多様化 — 17

にはモリス・マーシャル・アンド・フォークナー商会を設立し，敷物，家具，壁紙，ステンドグラスなどの制作販売をはじめた（図2-7）．そのデザインでは簡素さとコンセプトの一貫性が重視された．トータル・デザインをもとに生活空間の美化を図る，このような運動はやがて多くの支持者を得た．それはアーツ・アンド・クラフツ・ムーヴメント（美術工芸運動）と呼ばれる．

中世主義者の「中世」は「現実の中世」ではなく「理想化された中世」であり，近代化を否定した点では反動的に見えるが，結果として次の時代の思想的基盤になった．近代化の問題点を指摘しただけではなくそれに代わる具体的なモデルを（中世賛美というかたちで）提案したこと，材料や構造を正直に見せるのを重視したこと，トータル・デザインを提唱したことが重要だった．「正直な表現」や「トータル・デザイン」は近代の建築デザインの思想的基盤であり，実は，中世主義者は新しいデザイン理念を彼らの「中世」に託して提唱していたということなのである．未来は過去を再解釈することから生まれるという，歴史の真理を示す一例といえる．

ちなみに，フランスでもウジェーヌ・エマニュエル・ヴィオレ＝ル＝デュク（Eugène Emmanuel Viollet-le-Duc, 1814-79）がゴシック様式の合理主義的側面を重視し，『建築講義』（1863～72）で，予条件を満足させることや，建物を構成する材料・構造をそのまま正直に見せることを提唱した．

また，中世主義は，中世という「理想の時代」に特定の様式（ゴシック）が対応することを主張したわけだから，時代と様式が不可分の関係にあることを認めていたことになる．それはやがて，現代には現代にふさわしい様式があるべきだという主張につながり，歴史主義を否定する原動力のひとつになった．

図2-6　レッド・ハウス

図2-7　モリスの壁紙のデザイン

2.2 「新しさ」という価値 ― アール・ヌーヴォー ―

(a) ブリュッセル，パリ

中世主義に由来する，「正直な表現」（使用材料をそのまま見せるべきだという主張），「トータル・デザイン」の思想（ひとつのコンセプトでデザイン全体が統合されるべきだという主張），歴史主義批判（現代には現代の様式があるべきだという主張）などを背景に，19世紀末から20世紀初頭にかけて，新しい芸術運動が西欧におこった．それは，平面性を重視し（日本の浮世絵が示唆したもの），非相称で，流れるような曲線を特徴とし，モチーフのインスピレーションを草花や卵などの自然物に求めるもので，過去の建築様式は使われない．この新しい様式を，インテリアがこの様式で装飾された画商サミュエル・ビング（Samuel Bing, 1838-1905）のパリの店（1897）の名にちなんで，「アール・ヌーヴォー（「新芸術」の意）」という．

建築におけるアール・ヌーヴォーはベルギーのブリュッセルではじまった．ヴィクトル・オルタ（Victor Horta, 1861-1947）がそのパイオニアで，タッセル邸（1893, 図2-8）やソルヴェー邸（1894）で，非相称の曲線を多用して，立面やインテリアをデザインした．彼の建物には，過去の建築様式はまったく使われておらず，植物のつるを連想させるモチーフで，ドアノブや住居表示に至るまで個別にデザインされていた．また，柱や梁には鋳鉄がむき出しで使われていた．ここにはモリスのトータル・デザインの思想や，本当の構造体をそのまま見せるべきだとするヴィオレ=ル=デュクの影響が見られる．オルタの住宅では，階段室を中心に展開する流動的な空間構成も注目される．ちなみに，彼の事務所では設計のために複数の模型職人を雇っていたことにうかがわれるように，そのデザインを実現するためには高い職人芸を必要とし，工業製品を多用するものではなかった．

同様の様式は世紀末のパリで大流行した．エクトール・ギマール（Hector Guimard, 1867-1947）はその代表的な建築家で，パリの地下鉄入口（1899-1900, 図2-9）を，鋳鉄を使ったプレファブ造で建設した．

(b) グラスゴー

イギリスのグラスゴーでも新しい動きが見られた．それを主導したのがチャールズ・レニー・マッキントッシュ（Charles Rennie Mackintosh, 1868-1928）である．グラスゴ

図2-8 タッセル邸

ー美術学校(1899, 1909)やヒル・ハウス(1906, 図2-10)などがその代表作である. 直線と平面性重視のデザインで, オルタらに比べると, 曲線は控えめに用いられていた.

図2-9 パリの地下鉄入り口

図2-10 ヒル・ハウス

(c) ウィーン

マッキントッシュのデザインはウィーンの建築家に影響を与えた. ウィーンでは過去の様式から分離すること(歴史主義の否定)をめざす芸術家のグループとしてセセッション(分離派)が1897年に結成された. そこには, 建築家, 芸術家, 工芸家が集まっていた. そのうちの一人である建築家オットー・ヴァグナー(Otto Koloman Wagner, 1841-1918)は, 1894年にウィーン美術アカデミーの教授に就任した際に行った講演(『現代建築』というタイトルで翌年出版)で, 現代生活に対応した新しい建築が必要であることを提唱しつつ, ウィーンを囲んでいた城壁を撤去して生まれた環状の新市域に, 地下鉄駅や集合住宅を建設した. それらは過去の建築様式を用いず, 壁面の平面性を表現に生かして, 装飾を限定的に用いつつ, 軒の水平線を強調した簡潔性重視のデザインでまとめられていた. 彼が設計したウィーン郵便貯金局(1906)は, そのようなデザインの代表例で, その窓口スペースでは鉄骨の架構を見せ, ガラス屋根に覆われた, 開放的でモダンな空間がつくられていた(図2-11).

ヴァグナーの助手を務めたヨゼフ・マリア・オルブリッヒ(Joseph Maria Olbrich, 1867-1908)はセセッション館(1898, 図2-12)を設計した. また, ドイツのルートヴィヒ4世(Ludwig IV, ヘッセン大公, 1837-92)に招かれてダルムシュタット芸術家村の諸建築(1905-08)を設計した. 他にも, ヨゼフ・ホフマン(Joseph Hoffmann, 1870-1956)がストックレー邸(1911, 図2-13)などを設計した.

図2-11 ウィーン郵便貯金局

図2-12 セセッション館

図2-13 ストックレー邸

チェコ出身のアドルフ・ロース(Adolf Loos, 1870-1933)は，セセッションを中途半端な改革と見て批判した．彼は『装飾と罪』(1908)で付加装飾を否定しつつ，「ラウムプラン(空間計画)」という概念を提唱し，用途に応じた空間のヴォリュームを組み合わせるかたちで建築を構成しようとした．代表作にシュタイナー邸(1911，図2-14)がある．

(d) バルセロナ

スペインのアール・ヌーヴォーは，バルセロナのアントニ・ガウディ(Antoni Plàcid Guillem Gaudí i Cornet, 1852-1926)によって代表される．彼は，サグラダ・ファミリア教会(1883〜)やカサ・ミラ(1910，図2-15)，サンタ・コロマの地下聖堂(1898-1915，未完，図2-16)などで，構造合理性と，ファンタジーに由来するモチーフが象徴するような非合理性が併存する，曲面多用の建築をつくり出した．

ガウディを支えたのはバルセロナの資本家エウゼビ・グエル(Eusebi Güell i Bacigalupi Compte de Güell, 1844-1918)である．グエルは，労働者の生活環境改善や田園都市に関心があった．サンタ・コロマは労働者のためのコミュニティとしてグエルが構想したものである．アール・ヌーヴォーを支えたパトロンには，彼のような産業資本家が多い．つまり，アール・ヌーヴォーには，貴族や聖職者のようなかつての上流階級ではなく，近代化にともなって台頭した新しいブルジョア階級のための様式という側面もあったのである．

アール・ヌーヴォーが流行した期間は短

図2-14 シュタイナー邸

図2-15 カサ・ミラ

図2-16 サンタ・コロマの地下聖堂

い．1890年代から1910年頃までの20年間がその盛期だった．アール・ヌーヴォーには新興ブルジョア階級向けの耽美主義的な芸術という側面があり，当時の社会問題に関わるような拡がりはなく，また新しい技術（機械）との関係も限定的なものだった．それが短命に終わった理由としてあげられるが，現代の様式が必要だという要請に応えようとした最初の試みとしての意義は大きい．

2.3 構造技術とデザイン ―シカゴ派―

(a) 鉄骨造による高層化

アメリカのシカゴでは，1871年の大火からの復興の際に，土地をより高密に活用するために高層建築ブームがおこった．その構造には当初レンガ造が用いられたが，やがて鉄骨造（鋼鉄使用）がとって代わった．16階建てのリライアンス・ビル（バーナム Daniel Hudson Burnham, 1895, **図2-17**）などがその代表例である．また，高層ビルが普及するためには，鉄骨造とともに，上下交通を円滑にするエレベーターも重要だった．1852年にエリシャ・グレイヴズ・オ

図2-17 リライアンス・ビル

ーティス(Elisha Graves Otis, 1811-61)がその安全装置を発明し，80年代には電動式のエレベーターが実用化された．1903年にはカウンターウェイトが採用され，安全性や操作性が向上した．

(b) サリヴァンとライト

このような高層建築の立面のデザインは建築家にとって新たな課題だった．それまでのほとんどの建物の立面は横長だったが，高層ビルでは縦長になり，それは立面処理に新たな工夫を必要とするものだったからである．その課題に対応するデザインの提案で注目されるのがルイス・ヘンリー・サリヴァン(Louis Henry Sullivan, 1856-1924)である．彼は，高層ビルを低層部，基準階部分，最上層の3層に分け，それぞれに異なるデザインを配して，まとまりのある立面をつくりだした．それぞれの層は，下から商業施設，オフィスの基準階，機械室に対応していた．つまり，その立面の後ろに配された機能の違いを利用して立面を分節化し，まとまりのあるデザインをつくりだしたのである．彼はパリのエコル・デ・ボザール(古典主義建築を重視した美術学校)で学んだことがあり，古典建築のオーダーの三分法を高層ビルの立面に応用したといわれる．ギャランティ・ビル(アドラーDankmar Adlerと共同，1895，図2-18)やカースン・ピリー・スコット百貨店(1899，1904)はその代表例である．そこにはアール・ヌーヴォー的な装飾が見られる．また，サリヴァンは「有機的建築」という概念を提唱し，自然の中に隠れている秩序を建築のモデルにすべきことを主張した．

サリヴァンの事務所で住宅を担当していたフランク・ロイド・ライト(Frank Lloyd Wright, 1867-1959)は，その有機的建築の考え方を受け継ぎ，独自のやり方でそれを

図2-18 ギャランティ・ビル

2.3 構造技術とデザイン ― シカゴ派 ―

発展させた．材料の正しい使い方や簡明さを重視した点には，ラスキンやヴィオレ=ル=デュクらの影響が見られる．ライトはアメリカの大平原にふさわしい，低く長く延びた住宅を設計した．プレイリー・ハウス（草原住宅）と呼ばれるそれらの住宅は，平面中央に設けられた暖炉を中心に，二方向もしくは十字型に延びる平面を持ち，地下室はなく，内部空間は壁やドアで仕切られるのではなく，流動的につながっており，その上に，軒を張り出して水平感を強調した屋根が載っていた．このような屋根の形式は，彼が1893年のシカゴ万博で見た日本館（「鳳凰殿」と呼ばれた）に示唆を得たものといわれる．ロビー邸（1907，**図2-19**）やウィリッツ邸（1910）はその代表例である．この頃に空間の構成の仕方に関してライトが行った革新は**図2-20**に示したようなもので，「箱の破壊」といわれるように，直方体としての室ではなく，スラブや壁が独立し，より自立的に配されて，閉じた箱ではない，流動的な空間をつくるものだった．

また，ライトは住宅以外の作品，たとえばラーキン・ビル（1906）やユニティ教会（1906，**図2-21**）では，外に対しては閉じ，内部は一体空間になっているというデザインを試みた．これは，その中で過ごす人々によってつくられるコミュニティの一体性

図2-19　ロビー邸

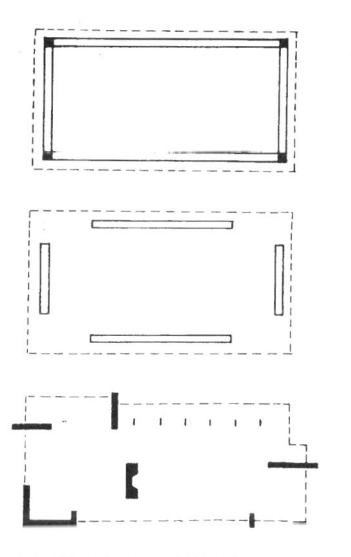

図2-20　ライトの「箱の破壊」
（上から下にいくに従って空間の流動性が高まることを示したもの）

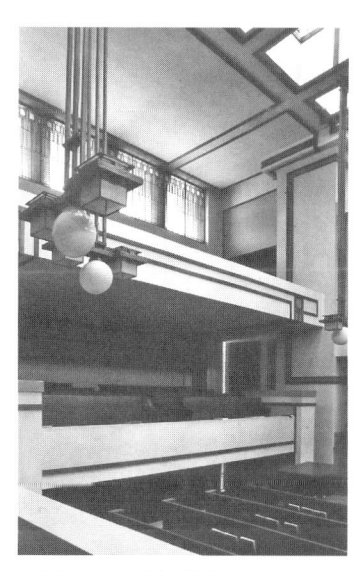

図2-21　ユニティ教会

を可視化しようとしたものである．

ライトの初期の作品は，ベルリンのヴァスムート社から1910年に出版された彼の作品集によって，ヨーロッパの建築家に注目されることになった．

● 演習問題

1. 19世紀に建築の設計に適用された歴史主義の背景や特徴について述べなさい．
2. 中世主義が建築思想に与えた影響について述べなさい．
3. アール・ヌーヴォーの建築の思想的背景について説明しなさい．
4. アール・ヌーヴォーの建築家からひとりを選び，その作品の特徴を説明しなさい．
5. シカゴ派の建築の特徴を述べなさい．
6. ルイス・サリヴァンが19世紀末に提案した，高層建築の立面の処理方法について説明しなさい．
7. 20世紀のはじめにフランク・ロイド・ライトが住宅建築において行った重要な貢献について説明しなさい．

第3章
都市改造の提案

[概説]

　近代初期に都市問題が深刻になりはじめたが，ここでは，その解決をめざして提案された都市計画について語る．

　最初に紹介するのは「ユートピアン」（空想社会主義者）と呼ばれる人たちの提案で，近代になって重視されるようになったヒューマニズムを背景に，労働者によりよい労働環境を与えようとするものや，人にはよりよい住まい方があるべきだとして，巨大な建物に集団生活を営むことを提案するもの，人車分離を重視した交通体系など，彼らが描いたユートピア（理想郷）を実現しようとするものだった．

　続いて，実際に行われた大都市改造としてもっとも有名な，19世紀後半のパリ改造計画を紹介する．これはナポレオンⅢ世の主導で実施されたもので，幅の広い直線道路で拠点を結ぶとともに，上下水道や街路灯を新設するものだった．それは都市改造のモデルとされ，世紀末のウィーンの改造にも刺激を与えた．これらの都市改造では，将来の発展や拡大に対応することは想定されていなかった．それに対応しようとした最初の提案は，1890年代にマドリッドで「線状都市」として，提案・実施された．

　世紀末のイギリスでは，都市の利便性と田園の環境のよさを合体させた「田園都市」が提案された．それは人口3～5万程度の都市を大都市の外に設けるというもので，ベッドタウンではなく，そこで働くこともできる，自立した都市の形成をめざした．このアイデアはヨーロッパだけではなく，アメリカや，遠く日本にも影響を与え，同様のものが多数つくられた．

　それらはヨーロッパにおける試みだったが，広大な土地に都市を新たにつくることになった新世界アメリカでは，それとは異なる道路システムが適用された．それはグリッド・システムで，直交する直線道路で構成されるものである．これは都市の発展（拡張）に対応しやすいという利点があった．また，アメリカでは，都市内に公園をつくることが積極的に行われた．それがフレデリック・ロー・オルムステッドの公園計画で，ニューヨークのセントラル・パークはその代表的なものである．

　最後に，建築家による新都市計画の代表的なものとして，トニー・ガルニエの「工業都市」計画案を紹介する．フランス中部

につくることを想定した，架空の都市だったが，そこには近代都市計画の特徴の多くが出そろっていた．

3.1　ユートピアンの提案

(a)　ロバート・オーウェン

産業革命が進むにつれ，都市においてさまざまな問題が発生した．それは，衛生問題や居住環境の悪化であり，特に労働者住宅の状況は悲惨だった．1859年のイギリスのある雑誌に，流しがあるだけの14m²1間の住戸(トイレや風呂はない)に家族9人がひしめき合って住んでいる状況が紹介されたほどである．そのような状況を打開するための提案が18世紀末から見られるようになった．その最初のものはユートピアン(空想社会主義者)によるものである．

まず，イギリス人ロバート・オーウェン(Robert Owen, 1771-1858)は，1799年に買収したニューラナークの紡績工場をモデル工場に改造した．それは近代的な機械設備を備え，労働者のために合理的な労働時間と賃金，よい住居を与えようとするものだった．その基盤には，近代の思想のひとつであるヒューマニズムがあり，労働者にも人間的な生活を営む権利があると考えていたわけである．

彼は「貧困工場労働者救済委員会への報告書」(1817)でひとつのコミュニティ(図3-1)を提案した．それは居住者300～2 000人を想定した施設で，中央に長方形の広場があり，その周囲にアパートや倉庫診療所などを配し，広場中央に教会や大食堂を備えたものだった．食事は大食堂で一緒にとることになっていた．このコミュニティには1人あたり1エーカー（約4 047㎡）の農地が付属する計画だった．そこには，適正規模（都市は肥大化してはならず，適正な規模にとどめるべきだという主張）を重視し，自給自足的都市を指向するという，後のイギリスの都市計画の特徴がすでに見られる．彼はそれを実践すべく，賛同者900人とともに，アメリカのインディアナ州にニュー・ハーモニーを建設した(1825，結果は失敗)．

(b)　シャルル・フーリエ

フランス人シャルル・フーリエ(François Marie Charles Fourier, 1772-1837)は「ファランステール」と呼ばれる共同体を構想した(図3-2)．それは1 620人が集団生活することを想定した，バロック風の大建築で，その1階は馬車通路，2階が人の通行，その上階にアパートが計画されていた．ここには，近代都市計画の基本理念のひとつである，人車分離の考え方がすでに見られる．この「ファランステール」のアイデアはのちにJ. B. ゴダン(Jean-Baptiste André Godin, 1817-88)によって実践され，「ファミリーステール」と名付けられた．ちなみに，この共同体では，大人と子供はそれぞれグループを構成して，別々の階に集団で住むことになっていた．

図3-1 『貧困工場労働者救済委員会への報告書』のオーウェンの提案

図3-2 ファランステール

3.2 パリ改造計画

(a) オースマンの業績

19世紀に実際に行われた都市計画の中でもっとも有名なのがパリ改造計画である。皇帝ナポレオンⅢ世(Charles Louis-Napoléon Bonaparte, 1803-73)が発案し、セーヌ県知事のジョルジュ・ウジェーヌ・オースマン(Georges-Eugéne Haussmann, 1809-91)によって1853年から17年かけて実施された(図3-3)。ナポレオンⅢ世が幹線道路計画を決定し、オースマンがそれに上下水道や街路照明の計画を加えたといわれる。改造前のパリは、ほかのヨーロッパの都市と同様、城壁に囲まれ、街路は細く、曲がりくねっていた。そのパリに、ナポレオンⅢ世

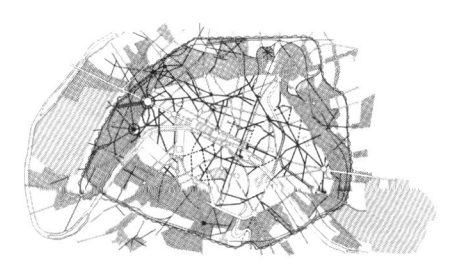

図3-3 パリ改造計画(太い実線が新設道路)

第3章　都市改造の提案

が幅の広い直線道路を大々的に導入したことは，暴徒鎮圧という政治的な意図があったとはいえ，新しい交通体系への適応という点で，また新しい都市景観をつくり出した点で注目される．この幹線道路網は既存の道路網とはまったく関係なく計画され，中心部に95kmを新設（旧道49kmを廃止）し，郊外に70kmを新設（旧道5kmを廃止）するなど，大規模な改造をともなうものだった．またパリを囲んでいた城壁が撤去され，かわりにブールバール（周回道路）がつくられた．上水道は総延長1 545kmになり，給水量は112 000トンから334 000トンと約3倍に増えた．下水道網も146kmから560kmに増え，衛生状態が改善された．新設された道路の両側には高さをそろえた建物が建ち並び，現在のパリのもとになる街並みが形成された．

(b) **ウィーン改造，線状都市の提案**

パリ改造計画は19世紀最大の，そしてもっとも成功した都市計画といわれ，ヨーロッパの他の都市改造にも影響を与えた．ウィーンはそのひとつで，街を取り囲んでいた城壁を撤去し，その環状の跡地に新市街を計画し，それに沿って市営鉄道を建設した（図3-4）．2.2節で紹介した，オットー・ヴァグナーが活躍したのは，このときだったのである．

パリ改造計画では，都市の将来の発展に対応するプログラムは組み込まれていなかった．「発展」を組み込んだ計画，つまり都市の拡大に対応できる計画としては，スペインのアルトゥーロ・ソリア・イ・マータ（Arturo Soria y Mata, 1844-1920）の「線状都市計画案」（1882）が最初期のものとして知られる．それは『エル・プログレッソ』紙に掲載されたもので，中央が電車通りで，その両側に車道と歩道が配されて，水道・ガス・電気設備を備えた，500m幅の，左右相称の街路断面を想定し，それを延長していけば，交通体系や基幹構造（インフラ

図3-4　ウィーン改造計画（左が改造前で右が改造後）

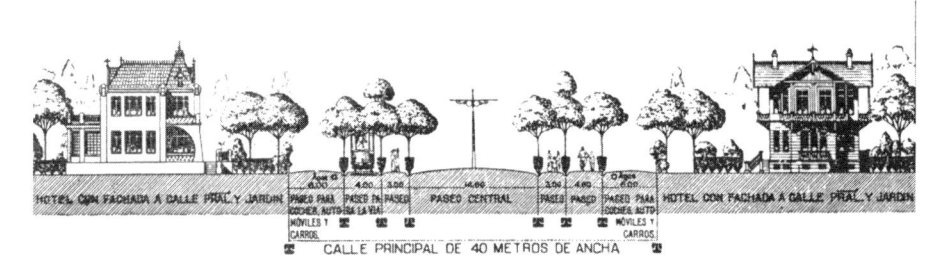

図3-5　アルトゥーロ・ソリア・イ・マータの線状都市

ストラクチャー)を備えた住宅地ができていくという発想だった．このアイデアは1894年にマドリッドで実施された(**図3-5**)．

3.3　田園都市

イギリスのエベネザー・ハワード(Ebenezer Howard, 1850-1928)は1898年に『明日，真の改革のための平和的な道』を出版し(1902年に『明日の田園都市』と改題)，翌年田園都市計画協会を設立した．彼は，都市の利便性と田園の良好な環境を結合することをめざし，「田園都市」(**図3-6**)のアイデアを提案したのである．そして，1902年に最初の田園都市レッチワースの建設に着手した．それは，自給自足的であることや(働く場や農地を併設)，適正規模(計画人口35 000人)を意図した町で，低層の独立住宅と生活関連施設(商店など)が緑の中に点在するというものだった．土地は騰貴を防ぐため，会社が所有することになっていた(99年賃借)．

この田園都市のアイデアは，他の国にも大きな影響を与えた．しかし，それは多くの場合，郊外住宅地のモデルとして参照されたという意味においてだった．いいかえれば，ハワードが重視した，「自立する都市」ではなく，緑の中に独立住宅が建ち並ぶ住宅地という点が評価されたということだったのである．また既存大都市の問題に示唆を与えるものではなかったことにも留意しなくてはならない．

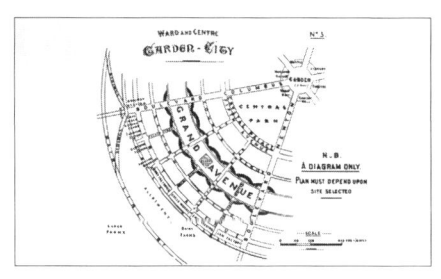

図3-6　エベネザー・ハワードの田園都市ダイアグラム

3.4 アメリカの都市

(a) グリッド・システム

移民や西部開拓で人口増加が著しかったアメリカでは,多くの新しい街がつくられた.アメリカの都市の特徴は,グリッド・システムの道路パターンを持つことである.そのグリッドは,サンフランシスコやシアトルに象徴的に見られるように,土地の起伏に無関係に適用された.19世紀の都市計画ではパリの改造計画がもっとも有名な例だが,そこには「発展」という視点は組み込まれていなかった.アメリカのグリッド・システムは,パリのもののような記念性は感じられないものの,その道路パターンをそのまま展開することによって都市の拡大に対応できるという点では,柔軟性を備えたやり方だったといえる.

(b) オルムステッドの公園計画

また,アメリカでは,フレデリック・ロー・オルムステッド(Frederick Law Olmsted, 1822-1903)を中心に,都市に緑豊かな公園を建設することや,それをグリーン・ベルトでつなぐことが盛んに行われた(図3-7).ニューヨークのセントラル・パーク(1858年に一部開業)はその初期の例である.彼の公園は,自然らしさを重視し,曲がりくねったグリーン・ベルトが遊歩道をともないながら,グリッド状の道路と対比的に配されるというものだった.これは単に快適性重視ということではなく,独立から百年以上を経てアメリカ建国の精神が薄れてきたことを危惧するアメリカの知識人たちが,建国の精神に立ち返って国民を再結集しようとした運動の一環で,オルムステッドにとっては,公園は誰でも自由に憩える場ということで,民主主義を具現したものでもあったのである.

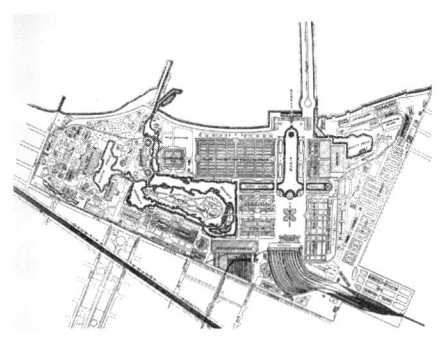

図3-7 オルムステッドの公園計画(シカゴ・コロンビア博覧会配置図)

3.5 工業都市計画案

エコル・デ・ボザールで1889年にローマ賞(同校の最優秀の卒業生に与えられる賞で,ローマに滞在して研究する特典が与えられた)を受賞したトニー・ガルニエ(Tony Garnier, 1869-1948)は,1901年に「工業都市」の計画案をフランスのアカデミーに提出した.その後彼はそれに手を加え,1917年に『工業都市図集』を出版した.これはフランス中部の川沿いの高地に3万5千人のための新都市を計画したもので,全

図3-8 ガルニエ「工業都市」計画案

体計画や道路計画だけではなく，建物ひとつずつに至るまで設計するという，壮大かつ緻密なものだった（図3-8）．

ここで彼はゾーニングによって都市の各機能を分けて配置し，その間はグリーン・ベルトとした．大きく公共地区と住居地区に分けて計画され，公共地区はさらに行政と集会所，博物館，スポーツ施設と演芸場に分けられていた．公共建築がすべて鉄筋コンクリート造で計画されていたことは，この構造がまだ発展途上で，あまり利用されていなかったことを考えると，きわめて注目される．しかも彼はその構造的特徴を理解してデザインにとり込んでいる（図3-9）．ペレーと同じく，ガルニエにもボザールが重視した新古典主義の影響が色濃く見られる．つまり，その基盤にある合理主義的建築観が鉄筋コンクリート造に新しい表現を付与するのに有効だったということである．

図3-9 ガルニエ「工業都市」計画案

なお，この都市には裁判所・宗教施設・警察・刑務所・兵舎はない．また，資産はすべて共有とされた．このあたりにガルニエの理想主義者としての側面が明瞭に見られる．つまり，理性重視が十分に浸透すれば，人は罪を犯さず，宗教に惑わされることもなく，争いもなくなると考えていたのである．また，資産を共有としたのは，社会主義者だった彼にとっては当然のこととはいえる．

いずれにしても，この計画には後の時代

の都市計画の手法になるゾーニングやグリーン・ベルト,そして鉄筋コンクリート造の特徴を利用した新しいデザインなど,次代を予言する要素が含まれていたのが注目される.

● **演習問題**

1. ロバート・オーウェンが提案した新しい都市について説明しなさい.
2. アルトゥーロ・ソリア・イ・マータの線状都市について説明しなさい.
3. ハワードの田園都市の特徴を述べなさい.
4. アメリカの都市の道路のグリッド・システムの特徴を述べなさい.
5. フレデリック・ロー・オルムステッドが設計した公園の思想的背景やデザインの特徴について説明しなさい.
6. トニー・ガルニエが計画した「工業都市計画案」の特徴を述べなさい.

第4章 「機械」の美学

[概説]

　中世主義のように，大量生産システムを支える機械を否定する動きもあったが，20世紀に入るとそれはあたりまえのものになり，人間に恩恵をもたらし得るものとして肯定的に見られるようになった．そのような，機械に対する見方の変化を背景に，建築家や芸術家の間に，機械を近代化の象徴と見なして，そこから新たな建築をつくるためのインスピレーションを得ようとする動きがおこってきた．

　また，その大量生産のもとになるプロトタイプ（原型）をデザインすることも，芸術家の新たなテーマと考えられるようになった．一品生産の芸術作品だけではなく，同じ形で大量につくられるモノを美しくすることについても前向きに対応しようとする動きがはじまったのである．この章では，このような「機械」（近代テクノロジー）に触発された，建築界の新しい動きを紹介する．

　建築にとって機械が建築の新しいモデル（理想のあり方，規範）になったという意味は，たとえば，機械の合目的性にならうということである．時速100kmで走れる車とか，航続距離が500kmの飛行機というように，機械には達成すべき目標（ある機能を果たすこと）が明確に設定されており，それを実現することだけを考えてエンジニアが設計したものが美しいと主張するというようなことで，建築も機械にならって，合目的性重視の姿勢で設計すべきだという意味である．このような，合目的性・機能重視の立場からの機械賛美が提唱された一方で，機械の持つダイナミズムのほうに関心を寄せるグループもあった（機械の動作に近代文明の特徴を見たということ）．彼らは「機械」をロマンティックに賛美しつつ，シースルーのエレベータの動きをデザインに取り込むなど，「巨大な機械」としての建築を提案した．1900年代後半から20年代にかけての機械に触発された建築デザインには，合理主義的なものとロマン主義的なものがあったのである．

　このような動きにやや先行するかたちで絵画の分野で起こったキュビズムは，ルネサンス以降「真実」を表現するための理想的な技法と見なされていた，透視図法と陰影表現の有効性を疑問視した．つまり，それはしょせん1つの点から見た，限定付き

の「真実」にすぎず，平面に3次元の幻影をつくり出しているにすぎないということで，それに代えて，多視点から見た断片的なイメージを重ね合わせるという新しい描き方を提案したのである．それがスーパインポーズ(重ね合わせ)という新しい技法を要請し，重ね合わされた各層がちゃんと認識できるように，透明感を意識した描き方が求められたことから，「開かれた空間」という新しい空間概念が生まれた．空間認識におけるこの革新は建築のデザインにも大きな影響を与えた．

4.1 ドイツ工作連盟

(a) ドイツ工作連盟の結成

「機械」，すなわち近代テクノロジーと建築をどう関係づけるかについてはあいまいなままだったが，20世紀に入ると，それに関する提案がいろいろなかたちで見られるようになった．

まず，ドイツでは，19世紀末にイギリスに滞在してアーツ・アンド・クラフツ・ムーヴメントを研究した建築家ヘルマン・ムテジウス(Adam Gottlieb Hermann Muthesius, 1861-1927)が，12人の芸術家(建築家も含まれていた)と12人の職人を結集して，1907年にドイツ工作連盟を結成した．当時のドイツは，イギリスやフランスに比べれば工業化が遅れていた．ムテジウスは，早急に追いつくためには芸術と技術の統合を図る必要があり，建築家もそれに率先して参加すべきだと考えたのである．ドイツ工作連盟は「質の高い仕事」をめざし，その前提として機械による大量生産も容認していた．工作連盟からは，ベーレンスやグロピウス，ミースら，のちの建築界をリードする建築家が輩出した．

(b) ベーレンスとグロピウスの工場建築

画家としてスタートし建築家に転身したペーター・ベーレンス(Peter Behrens, 1868-1940)は，1907年にドイツの総合電気会社AEGの芸術顧問になった．これは，良質の製品をつくるために企業と芸術家が，つ

図4-1 AEGタービン工場

図4-2 ファグス靴型工場

まり工業と芸術が，はじめて手を組んだ点で画期的なできごとだった．ベーレンスは，AEGのために，アーク灯や電気湯沸かし器などの電気製品のプロトタイプをデザインするとともに，タービン工場(1909，図4-1)やショー・ルームなどを設計した．

ベーレンスの事務所出身のヴァルター・グロピウス(Walter Adolph Georg Gropius, 1883-1969)は，ファグス靴型工場(1914, 図4-2)で陸屋根やガラスのカーテン・ウォールを採用し，見た目の重さを感じさせない，透明感をテーマにした新しいデザインを提案した．ドイツ工作連盟展モデル工場(1914)では，キャンティレバーの階段をガラスのカーテン・ウォールが包むという表現など，彼は20世紀の建築で一般的になるモチーフをこのような工場建築を通して示した．ちなみに，このモデル工場には水平に張りだした軒がついていたが，これはヴァスムート社から出版された『フランク・ロイド・ライト作品集』(1910)に示唆を得たものである．

4.2 テクノロジーとデザイン

(a) 未来派

1909年にイタリアの詩人フィリッポ・トンマーゾ・マリネッティ(Filippo Tommaso Marinetti, 1876-1944)が「未来派宣言」を発表した．彼は機械に支えられた近代文明をロマンティックに賛美し，その特徴をスピードやダイナミズムに見て，それをテーマにした新しい芸術表現の必要性を説いた．彼によれば，機械が出す騒音すらも，新しい「音楽」なのだった．パリにいたときに，パブロ・ピカソ(Pablo Picasso, 1881-1973)やジョルジュ・ブラック(Georges Braque, 1882-1963)によって，キュビズムという絵画の革新が進められていたことに大きな刺激を受け，イタリアで新しい芸術運動を起こそうとしたのである．

ちなみに，ピカソとブラックは，従来の透視図法が採用していた，1つの視点から描いたものを幾何学的な正確さにもとづいて表現するというやり方ではなく，多視点から見た断片的なイメージを重ね合わせて対象を表現するという新しい絵画を提案した．重ね合わせのためには，各レイヤーが塗りつぶされるのではなく透明性を持っていることが必要で，それは絵の中の空間が絵の具で塗りつぶされているのではなく，透明な，奥行きのある「開かれた空間」であることが想定されていることを意味する．それは，空間についての新しい見方があることをほかの芸術家(建築家)にも気づかせることになった．たとえば，立方体を，6枚の正方形で囲まれた，中身の詰まったものとしてではなく，3枚の正方形が，それぞれの中心線上で，XYZ方向に互いに直交したものとして認識する(各正方形の間は「開かれた空間」になっている)というようなことである．

イタリアの絵画や彫刻・音楽の分野では，すぐにマリネッティに呼応した動きが表れたが，建築では少し遅れ，アントニオ・サンテリア(Antonio Sant'Elia, 1888-1916)とマリオ・キアットーネ(Mario Chiattone,

1891-1957)が1914年に発表した「新都市」計画案(**図4-3**)にマリネッティが注目し,サンテリアに「未来派建築宣言」を書かせたのがそれに対応するものになった.「新都市」は,都市計画の提案というよりも,高層建築を中心とする新しい都市の断片的なイメージのコラージュ(断片を集めたもの)で,建築が幾何学的要素の組み合わせであることを強調し(つまり,過去の建築様式のような装飾はなく),当時の最新のテクノロジーだった無線通信のオマージュ(賛辞)として建物上部に大きなアンテナをつけ,さらにはシースルーのエレベータ(「動くもの」が外から見えるということ)を組み込むなど(いずれも「開かれた空間」の例),建物を「巨大な機械」と見なすものだった.そこには,科学技術のダイナミズムに触発された,ロマン主義的な新しい建築表現が見てとれる.

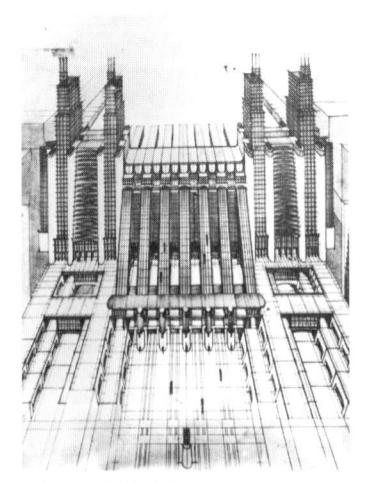

図4-3 「新都市」計画案

(b) **構成主義**

1917年のロシア革命によって成立したソビエト連邦でも,近代テクノロジーをロマン主義的に賛美する芸術運動が起こった.それは「構成主義」と呼ばれるもので,革命によって高揚した芸術意欲を背景に,新しい社会にふさわしい芸術表現が模索された.

構成主義は,キュビズムの影響を受けて,「開かれた空間」という新しい空間概念のもとに,工業製品を多用し,線や面という抽象的要素の「構成」を重視する芸術表現をめざした.たとえば,アレクサンドル・ロドチェンコ(Aleksander Mikhailovich Rodochenko, 1891-1956)の彫刻のように,台座に載るのではなく上から吊るされた造形(重力を感じさせない表現)で,しかも再現描写をめざすのではなく,線や面という抽象的な要素を組み合わせることによって美がつくられるという,「構成」をテーマとする新しい美学にもとづくものだった.そこでは,オブジェ(芸術作品)は,中が詰まった物体としてではなく,すき間が多い(「開かれた空間」がある)ものとして提示された.

建築でもそれと同様の美学にもとづいた動きが表れた.第三インターナショナル記念塔案(タトリンVladimir Yevgrafovich Tatlin, 1885-1953, 1920)やプラウダ社屋コンペ案(ヴェスニン兄弟Alexander & Viktor Alexandrovic Vesnin, 1924,**図4-4**)などが代表的なもので,実作ではなく(当時の技術では彼らの提案は実現不可能だった),ドローイングによって新しい建築のイメージを訴えるのが初期の構成主義の特徴であ

4.2 テクノロジーとデザイン ── 37

図4-4 プラウダ社屋コンペ案

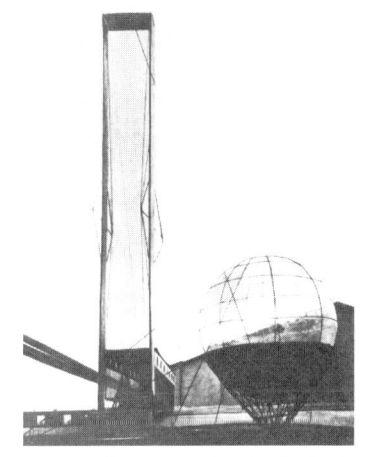

図4-5 「レーニン図書研究所」計画案
(レオニードフ，1927)

る．プラウダ社屋では，シースルーのエレベータや，最上部の，回転する広告パネルなど，建築を「巨大な機械」と見なすというやり方が見られる．鉄骨の骨組みで構成された架構やアンテナ，ケーブルの張力を活用した軽やかな構造(いずれも「開かれた空間」の例)も好まれたモチーフだった(図4-5)．当時のソビエト連邦の実態は遅れた農業国だったが，労働者主体の工業立国をめざすという高い理想があり，それに鼓舞されて建築家が想像力を羽ばたかせたのがこれらのプロジェクトだった．

そのようなグループ(「ASNOVA」と呼ばれる)に対して，もっと現実の問題を解決することに力を注ぐべきだとするグループ(OSA)があらわれ，モティレフの労働者住宅案(1927)のように，メゾネット形式

を取り入れつつ，快適性に配慮した提案などが見られた．

しかし，ヨシフ・スターリン(Joseph Stalin, 1879-1953)が実権を握るにつれて，人民の求めるものがいいものだという「社会主義美学」が台頭した．その実態は新古典主義をよしとする権威主義的なもので，それが公認の美学になるにつれ，構成主義は急速に衰退した．1932年のソビエト・パレスのコンペでボリス・イオファン(Boris Mihailovich Iofan, 1891-1976)の新古典主義的な案(図4-6)が1等に当選したことが，保守的な路線への転換を象徴的に示している．社会主義美学は，第二次大戦後には，ソ連だけではなく，東ヨーロッパの社会主義圏でも採用された．

(c) デ・ステイル

オランダのロッテルダムでは，画家テオ・ファン・ドゥースブルフ(Theo van Doesburg,

第4章 「機械」の美学

図4-6 ソヴィエト・パレス1等当選案
（イオファン，1932）

1883-1931) を中心に，1917年に芸術家の新しいグループがつくられた．それは，彼らが発行した雑誌名から「デ・ステイル」（「様式」を意味する）と呼ばれた．彼らは，抽象画家ピエト・モンドリアン（Piet Mondrian, 1872-1944）の新造形主義やフランク・ロイド・ライトが開拓した流動的な空間概念をもとに，合理主義美学の典型ともいえるデザインを提案した．そこにはキュビズムが開拓した「開かれた空間」のイメージも重ねられている．それは，要素を水平線（面）と垂直線（面）に限定し，使う色も三原色である赤，黄，青と無彩色に限定するものだった．面は，抽象性を強調するために一様に塗られ，テクスチャーは重視されない．そして，重力を感じさせない構成をめざした．閉じた箱としての建築ではなく，面や線が三次元の空間に浮かぶイメージを重視した．ドゥースブルフの「建築的コンポジション」(1923, 図4-7) はそのような考え方を象徴するもので，実作としては，ヘリット・リートフェルト（Gerrit Thomas Rietveld, 1888-1964）のレッド・ブルー・チェア（1918）やシュレーダー邸（1924, 図4-8）が代表的なものである．シュレーダー邸では，付加装飾はなく，白・灰色・赤・黄・青に塗りわけられた水平面と垂直面（線）の組み合わせでつくられている．鉄骨の柱がテラスや軒の下にではなく横につけられているのは，「支える-支えられる」という関係を感じさせないようにして，三次元の空間に各要素が浮いているように見せたいためである．

図4-7 建築的コンポジション

図4-8 シュレーダー邸（オランダ）

デ・ステイルのような，抽象的な「線」や「面」の「構成」で美がつくられるという考え方(抽象美術)は20世紀になって登場したもので，テオドール・リップス(Theodor Lipps, 1851-1944)の『美学』(全2巻, 1903, 1906)がその先駆けといわれる．

4.3 バウハウス

(a) バウハウス・ヴァイマール

ドイツのヴァイマールにあった旧ザクセン大公立美術学校と工芸学校を合併改組して，1919年に工芸・美術・建築のための学校「バウハウス」がつくられた．校長は建築家のヴァルター・グロピウスだった．創立時に彼が出したこの学校の理念は，工芸を建築の下に統合することと，手工芸を創造の源泉として重視することだった．前者は，建築を「大芸術」と位置づける点で中世主義的だったし，後者に関しては，バウハウスのすべての学生が入学後の予備課程で手工芸の工房に所属してその訓練を受けることになっていたことに示されるように，中世主義者ウィリアム・モリスの影響も感じられる．なお，予備課程では形や色に関する理論も学ぶことになっていた．それを終えると専門課程に進み，金工や木工などの専門にわかれることになっていた．

ちなみに，最初のパンフレットの図柄には，「機械の美学」とは異なり，表現主義(後述)の影響が見られる．グロピウスが，教師としてヨハネス・イッテン(Johannes Itten, 1888-1967)やパウル・クレー(Paul Klee, 1879-1940)，ヴァシリー・カンディンスキー(Wassily Kandinsky, 1866-1944)，モホリ＝ナジ・ラースロー(Moholy-Nagy László, 1895-1946)ら，当時のヨーロッパの前衛芸術家を集めたことから，バウハウスは前衛芸術のセンターになった．

設立当初のバウハウスには，このような19世紀的な思想と前衛芸術指向とが混在していたが，1923年にデ・ステイルのドゥースブルフが講師に招かれた頃から，機械による大量生産を前提にしたインダストリアル・デザインを指向するようになった．そして幾何学的でシンプルな造形重視に転換し，大量生産のためのプロトタイプの開発をテーマにするようになった．

(b) バウハウス・デッサウ

ヴァイマールのバウハウスは長続きしなかった．ドイツで成立した右派政権から左翼的思想の集団と見なされ，バウハウスは1925年に閉鎖された．しかし，同年にデッサウ市からバウハウス受け入れの申し出があり，10月から同地で再開され，翌年には造形大学として認可された．

デッサウで再出発したバウハウスでは，いくつかの方針転換があった．まず，基礎教育と専門教育(計4年)を終えた学生を対象に建築専門課程が設置されたことがあげられる．設立当初から「大芸術」としての建築という位置づけはあったが，ヴァイマールではそのための教育体制はまだ整備されていなかった．また，デッサウでは教育

と生産活動が分離され、ヴァイマール時代とは異なり、学生は勉学に専心し、プロトタイプの製作は各工房で行われることになった。この頃バウハウスでデザインされた製品は、いずれも合理性を重視したシンプルなものである。マルセル・ブロイヤー(Marcel Lajos Breuer, 1902-81)のパイプ椅子(1926, **図4-9**)はその好例である。

1926年にはグロピウス設計による新校舎(**図4-10**)がデッサウに竣工した。この建物では、工房やオフィスなど、機能ごとに別々のヴォリュームが与えられ、それらが非相称に構成されていた。外壁は白く平滑に塗られ、ガラスのカーテン・ウォールなど、新技術が積極的に適用されていた。主体構造は鉄筋コンクリート造である。それらは、1920年代に結実した近代建築の典型的な手法である。近くに、同様の美学にもとづいて、教員住宅もつくられた。

なお、このバウハウス・デッサウに見られるような新しい建築、より具体的には合理主義を基盤とし、線や面のような抽象的・幾何学的な要素の「構成」という新しい美学にもとづいて1920年代に結実した建築を、厳密には「近代(主義)建築」、または「モダニズムの建築」と呼ぶ。なお、本書では、表記の煩雑さを避けるため、以後この語を原則として「近代建築」と表記する。

(c) バウハウス叢書

また、バウハウスでは『バウハウス叢書』と機関誌『バウハウス』の刊行がはじまった。叢書の第1巻はグロピウスの『国際建築』(1925)で、彼はそこで「建築は常に国民的であり、また、常に個人的である。しかし、3個の同心円 ― 個人と民族と人類 ― の中で、最後の、そして最大の円が、同時に他の2つを包含する」と述べつつ、普遍的な科学技術と合理主義にもとづいた建築は、国際的に共通のものになると主張した。これらの出版物の装幀はモホリ=ナジが担当した。彼は、ドイツ語特有の装飾的なひげ文字やセリフをやめ、すべてシンプルな小文字で統一するとともに、ページを、活字を含め、円や直線という抽象的な図形の組み合わせで構成するなど、モダンなデザインを展開した(**図4-11**)。その装幀

図4-9　パイプ椅子

図4-10　バウハウス・デッサウ校舎

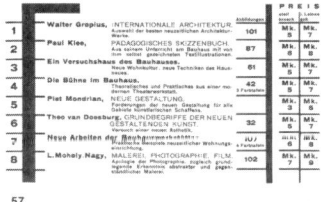

図4-11 バウハウスのタイポグラフィ

建築家のハンネス・マイヤー（Hannes Meyer, 1889-1954）が跡を継いだが，その左翼的思想が問題視されて30年に解任され，建築家のルートヴィッヒ・ミース・ファン・デル・ローエ（Ludwig Mies van der Rohe, 1886-1969）が学長に任命された．しかし，当時台頭しつつあったナチスの弾劾を受けて，32年にデッサウのバウハウスは閉鎖された．ミースは私立の研究所としてベルリンでバウハウスの再興を図ったが，それもナチスにより解散を命じられた．

バウハウスは13年しか続かなかったが，芸術のさまざまな分野で，新しい試みを精力的に行ったこと，新しい美学をもとに機械による大量生産を前提にした製品のプロトタイプを積極的に提案したことによって，20世紀を代表する美術学校になり，その「構成」重視の教育体系は20世紀のデザイン教育に大きな影響を与えた．

は世界の出版物に大きな影響を与えた．
　デッサウでもバウハウスは長続きしなかった．1928年にグロピウスが学長を辞任し，

4.4　ル・コルビュジエ

(a) 近代テクノロジー賛美

　ル・コルビュジエ（Le Corbusier, 1887-1965）は，フランク・ロイド・ライトやルートヴィッヒ・ミース・ファン・デル・ローエとともに，20世紀の建築界を代表する巨匠とされる．彼は本名をシャルル・エドゥアール・ジャンヌレ・グリ（Charles-Edouard Jeanneret）といい，1920年創刊の雑誌『エスプリ・ヌーヴォー』で「ル・コルビュジエ」というペンネームを名乗り，その後建築家として活動する際にこの名を用いた．スイスの時計工業の町ラ・ショー・ド・フォンで生まれ，地元の美術学校で学んだが，

その校長シャルル・レプラトニエ（Charles L'Eplattenier, 1874-1946）はイギリスのアーツ・アンド・クラフツ・ムーヴメントの影響を受け，新しい工芸教育を実践していた．また，ル・コルビュジエは，修業時代にオーギュスト・ペレーやヨゼフ・ホフマン，ペーター・ベーレンスらに会っている．そのような経歴にうかがえるように，ル・コルビュジエは，先行するさまざまな芸術運動や近代的な技術を統合する役割を担うことになった．

　1917年から彼はパリに住んだ．そこでの最初の活動が絵画の革新をめざして画家ア

メデ・オザンファン（Amédée Ozenfant, 1886-1966）とはじめたピュリスムである．彼らは，キュビズムが開拓した新しい美学や空間概念を評価しつつも，そこでは分析が総合に先行している（断片的なイメージが重ね合わされるため，全体像がつかみにくい）と批判し，それを乗り越える絵画をめざした．また，近代テクノロジーを賛美し，エンジニアこそが，合理的な規準に従っているからもっとも優れた芸術家であると主張し，「自然」すらも，完全性と美が一致した「機械」だと述べた．そこには典型的な合理主義が見てとれる．

雑誌『エスプリ・ヌーヴォー』（「新しい精神」を意味する）は，オザンファンとル・コルビュジエが1920年に発行しはじめたもので，現代文明のさまざまな分野を横断的に紹介するものだった．そこに発表した文章をまとめて，ル・コルビュジエは1923年に『建築へ』（図4-12）を出版した．そこで彼は「機械」（近代テクノロジー）を賛美し，それにもとづく新しい建築が必要だと述べた．彼は，「機械」を，明確な目的を持ち完全に作動するものとして賞賛し，建築のモデルと見なしたのである．彼によれば，船や自動車，飛行機などの機械は，目的を果たせるように，つまり作動が完全（機能的）になるようにつくられており，それゆえにそこには美があるのだった．それにひきかえ，建築においては目的すら明確になっていないので，都市や建築は「機械」にならって根本から考え直すべきだと主張した．この本にある，「住宅は住むための機械である」という彼の有名な言葉はそのような考え方を象徴している．つまり，住宅を，エンジニアのやり方にならって，合目的性を重視してつくるべきだということである．

図4-12 『建築へ』

4.4 ル・コルビュジエ

ル・コルビュジエの初期のプロジェクトに「ドミノ計画」(1914, 図4-13)がある。これは，第一次世界大戦(1914-18)で罹災したフランドル地方の住宅復興のためのプロジェクトで，鉄筋コンクリート造の基礎やスラブ，柱を工場でつくり，被災地で組み立てて，壁は，現場に放置されているがれきを利用して，居住者が好きなようにつくればいいというものだった．ここで彼は，鉄筋コンクリート造という近代テクノロジーを使えば壁は構造的には不要になることをアピールしたのである．第一次大戦後の住宅不足解消のためのプロジェクト「シトロアン住宅」(1920, 1922, 図4-14)でも同様に鉄筋コンクリート造を活用し，屋上庭園や大きな窓が可能であること，またピロティで主階を持ち上げること(1922年の案)を示した．

これらのプロジェクトには，まず目的を明確にして，それを，近代テクノロジーを活用しつつ解決すべきだという，ル・コルビュジエの当時の思想が示されている．「一般解から特殊解へ」というのが彼の思考法の特徴で，特定の敷地に特定の施主のためにつくられる建築を構想するのではなく，ある問題を解決するためのプロトタイプの提案が個別の設計に先行するということである．

当時の実作には独立住宅が多く，サヴォア邸(1931, 図4-15, 図4-16)に代表されるように，鉄筋コンクリート造を用いた白い箱形で，主階がピロティで持ち上げられ，

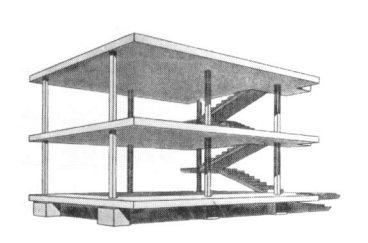

図4-13 ドミノ計画

図4-15 サヴォア邸外観

図4-14 シトロアン住宅模型(1922)

図4-16 サヴォア邸内部

水平連続窓がつき，壁は間仕切りであって構造とは無関係であることを示すために，柱列とは異なる位置に設けられるというものだった．

(b) 都市計画の提案

ル・コルビュジエは，1920年代から都市計画のプロジェクトにも積極的だった．まず，1922年に発表した「300万人の現代都市」計画案(**図4-17**)は，パリ改造を念頭に置いたもので，都市をコンパクトな長方形で計画し，その中央部には間隔を空けて十字形平面の高層ビルが建ち並び，その周囲には中層の集合住宅が配置されるというものだった．それらの建物はピロティで持ち上げられ，緑で覆われた地面は自由に歩行できるようになっていた．道路は自動車専用で，高架で設けられ，都市中央の地下には鉄道駅が設けられることになっていた．つまり，高層建築を活用し，交通網を異なるレベルに配することによって，コンパクトな都市をつくろうとしたのである．ル・コルビュジエによれば，このような計画によって，住民(この都市に住むのは100万人で，それ以外は郊外居住)は太陽・緑・空気を楽しむことができるだけではなく，交通の便がいい，機能的な都市ができるのだった．1925年発表の「プラン・ヴォアザン」も同様の考え方によるものだが，ここでは町の中央部に飛行場が計画されていた．これは交通体系を集約的に配置するということだが，あわせてそこには飛行機という「機械」(当時の最新のテクノロジー)に対するル・コルビュジエのオマージュ(賛辞)が見てとれる．

1927年に行われた国際連盟本部のコンペでは，いとこのピエール・ジャンヌレ(Pierre Jeanneret, 1896-1967)とともに応募した案が，9つの1等案の1つに選ばれた．それは，事務棟と会議棟を別々のヴォリュームとして計画し，会議棟では音響に配慮した断面計画でそれがその建物の形を決定するなど，異なる機能に異なるヴォリュームを与えつつ，その構成を重視するという，近代建築に典型的なやり方が見られる(**図4-18**)．

1930年代に入ると，彼の造形に変化が見られはじめた．それは幾何学的な形から有

図4-17 「300万人の現代都市」計画案

機的な形への変化であり，工業製品重視から自然素材併用への変化である．また都市計画においては，都市の発展への対応が図られた．これらを象徴するのが「アルジェ計画」(計画Aは1930，Bは1933，**図4-19**)である．それは屋上を高速道路にした高層の住戸が連続し，道路と住戸がセットになって都市の発展に対応するというもの(線状都市の一種)だった．

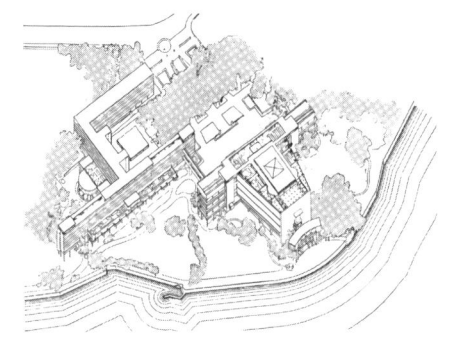

図4-18　国際連盟コンペ当選案

図4-19　アルジェ計画B

4.5 CIAM

(a) CIAMの設立

CIAM(Congrès Internationaux d'Architecture Moderne「近代建築国際会議」)は，スイスのエレーヌ・ド・マンドロー夫人(Hélène de Mandrot)がパトロンになり，ル・コルビュジエとスイス人の建築史家ジークフリート・ギーディオン(Sigfried Giedion, 1883-1968)を中心にして，1928年につくられた近代建築家の国際会議である．ル・コルビュジエは，国際連盟本部のコンペで自作が1等のひとつに選ばれながら新古典主義のネノー案が実際には採用されたことなどから，近代建築家が結集して旧体制に対抗すべきだと考えたのである．

(b) アテネ憲章

第1回のCIAMはド・マンドロー夫人のラ・サラの城で開かれたものだが，第2回以降は近代建築に関するテーマを討議することになった．具体的には，第2回(1929)が「最小限住居」(フランクフルト・アム・マイン)，第3回(1930)が「ハウジングの

46 ── 第4章 「機械」の美学

用地」で，第4回(1933)はマルセーユからアテネに向かうパトリス号の船上で開かれた．この第4回のテーマは「機能的都市」で，その討議の成果は「アテネ憲章」としてまとめられた．それは都市を，居住・労働・余暇・交通の4つの機能でとらえ，高層建築をよしとするコンパクトなもので，事実上ル・コルビュジエのそれまでの主張を反映したものだった．「アテネ憲章」は，高層建築のみによる街区形成や機能別のゾーニングによる計画をよしとした点で，近代都市計画の典型とされる．

4.6 インターナショナル・スタイル

(a) インターナショナル・スタイル展

1931年にニューヨーク近代美術館で「インターナショナル・スタイル」展が開かれた．これはヘンリー=ラッセル・ヒッチコック(Henry-Russell Hitchcock, 1903-87)とフィリップ・ジョンソン(Philip Johnson, 1906-2005)が企画したもので，翌年それをもとに『インターナショナル・スタイル ── 1920年以降の建築 ──』が出版された．彼らは1922年以降の建築に国境を越えた共通の特質を見，それを「インターナショナル・スタイル」という語で表したのである．彼らによれば，その特質とは，1)建築を重々しい量塊としてではなくヴォリュームとしてとらえること，2)左右相称よりも均斉や規則性を重んじること，3)付加装飾を排除することだった．そして，その代表例として，バウハウス=デッサウ校舎(ヴァルター・グロピウス，1926，図4-10)や，サヴォア邸(ル・コルビュジエ，1931，図4-15，図4-16)，バルセロナ・パヴィリオン(ルートヴィッヒ・ミース・ファン・デル・ローエ，1929，図4-20)などを挙げた．この「インターナショナル・スタイル」は「近代建築」とほとんど同義と見てよい．

この頃になると，合理主義(普遍性重視)をもとに，最新の科学技術の成果を活用し，抽象的な「線」や「面」の構成という美学にもとづく，シンプルなデザインが欧米や日本に見られるようになった．それらは，20世紀のはじめから展開されてきた新しい美学や空間概念，科学技術への全面的信頼，

図4-20　バルセロナ・パヴィリオン

理性によって現状の問題点を把握するとともにその改革が可能だとする楽観主義的な合理主義思想があわさって，新しい建築表現がひとつの頂点に達したことを示すものだった．

(b) ヴァイゼンホフ・ジードルンク

1927年にはドイツのシュトゥットガルト郊外のヴァイゼンホフでドイツ工作連盟主催の住宅展が開かれた（図4-21）．ここでも，ル・コルビュジエやミースらの，近代建築家による白い箱形のシンプルな建築がつくられた．このヴァイゼンホフ・ジードルンクもインターナショナル・スタイルの一例で，この頃にヨーロッパの近代建築家たちが提案する形が，合理主義を基盤にしたシンプルな姿に収斂してきたことを象徴している．

ちなみに，ジードルンクとは，ドイツ独特の住宅団地のことで，ヴァイマール共和国時代（1919-33）の社会民主主義的な思想を背景に，住棟だけではなく，生活関連施設や公園などを併設し，良質の共同体を形成しようとしたものである．ブルーノ・タウト（Bruno Julius Florian Taut，1880-1938）のブリッツ・ジードルンク（1927）やハンス・シャロウン（Bernhard Hans Henry Scharoun，1893-1972）のグロスジードルンク・ジーメンスシュタット（1931）などが知られる．

(c) イギリス・北欧の近代建築

1930年代に入ると，それまで近代建築をリードしてきたドイツではナチスが台頭して，普遍性を重視する近代建築が批判されるようになったが，代わって，その周辺の国々に近代建築がつくられるようになった．

イギリスでは，ソビエトの革命を逃れて移住してきたベルトルド・リューベトキン（Berthold Lubetkin，1901-90）を中心に，若手建築家の集団テクトンらによって近代建築がつくられはじめた．ハイポイントⅠ（1935），Ⅱ（1938），ロンドン動物園ペンギン・プール（1933，図4-22）などがその例である．

スウェーデンではグンナー・アスプルンド（Erik Gunner Asplund，1885-1940）がス

図4-21　ヴァイゼンホフ・ジードルンク（ミース設計の集合住宅）

トックホルム博覧会展示場・レストラン(1930)や森の火葬場(1940, 図4-23)のような傑作を生み出した.

フィンランドでは，アルヴァ・アアルト(Hugo Alvar Henrik Aalto, 1898-1976)がパイミオのサナトリウム(1933, 図4-24)などで，近代建築のヴォキャブラリーを用いながら，木材などの自然素材や自由曲面(線)と不整形な建物配置を組み合せて，独自のヒューマニスティックな建築を提案した.

(d) **近代建築家のアメリカ移住**

アメリカでは，オーストリアから移住したルドルフ・シンドラー(Rudolf Michael Schindler, 1887-1953)やリチャード・ノイトラ(Richard Joseph Neutra, 1892-1970)が住宅建築を中心に，ヨーロッパの1920年代の近代建築を移植する役割を果たした. ビーチ・ハウス(シンドラー, 1926)やロヴェル邸(ノイトラ, 1929, 図4-25)などがその代表例である.

ヴァルター・グロピウスやマルセル・ブロイヤーらがナチスの迫害を避けて1937年

図4-22 ロンドン動物園ペンギン・プール

図4-23 森の火葬場

図4-24 パイミオのサナトリウム

図4-25 ロヴェル邸(健康住宅)

にアメリカに移住したことも，近代建築をアメリカに根付かせるのに貢献した．グロピウスとブロイヤーはハーバード大学に迎えられ，ミースもアメリカに移住してアーマー工科大学（のちのイリノイ工科大学）の建築学部長になったが，彼らが教職に就いたことがその影響力を高めることにつながった．ミースの場合は，アメリカの進んだ工業力を背景に，第二次大戦後に鉄骨造の高層建築を次々に実現することにもつながった．

4.7 アール・デコ

アール・デコはフランス語の「アール・デコラティフ」（装飾芸術）の略で，1925年のパリで開かれた「現代装飾・産業万国博覧会」に登場した装飾に由来する様式である．建築や家具，ファッション，アクセサリーなど，1930年代の欧米で流行した．その一般的な特徴は，金属を多用し，ジグザグ模様や放射線など，幾何学的なモチーフを展開するところにある．特にアメリカでは，ちょうど1929年の大恐慌の後のニュー・ディール政策の時期に重なり，連邦政府関係の建物のデザインにたくさん用いられた．当時の高層ビルの代表例であるクライスラー・ビル（W. ヴァン・アレンWilliam van Allen, 1883-1954, 1930, **図4-26**）やエンパイア・ステート・ビル（シュレーブ，ラム＆ハーモンShreve, Lamb & Harmon, 1931）の装飾にも用いられている．

図4-26　クライスラー・ビル

● 演習問題

1. ドイツ工作連盟の歴史的意義について述べなさい．
2. ソビエト連邦に起こった構成主義について，作品をあげながら，その特徴を説明しなさい．
3. デ・ステイルの建築の特徴について述べなさい．

4. バウハウスの歴史を略述しながら，その歴史的意義について説明しなさい．
5. ル・コルビュジエの「住宅は住むための機械である」の趣旨を説明しなさい．
6. アテネ憲章を例に，ル・コルビュジエの都市計画の特徴をあげなさい．
7. インターナショナル・スタイルについて説明しなさい．
8. アール・デコの特徴について略述しなさい．

第5章
「自然」をモデルにする建築

[概説]

1920年代は,「機械の美学」が西ヨーロッパで非常な高まりを見せた時代である.デ・ステイルや構成主義のように,合理主義にもとづき,抽象的,幾何学的な要素を重視し,それによる構成をよしとする建築が提案された.しかし,同時期にそれとは異なる潮流もあった.それは合理主義よりもロマン主義にしたがうもので,普遍的・本質的価値ではなく,人間の感性を重視し,個性や多様性を賛美するものだった.そして,その造形は,幾何学的な要素の構成ではなく,鋭角や自由曲面(線)など,ダイナミックな動きを感じさせる形態を多用することによって,個人の内面を表出することに創作の意味を見るものだった.それは「表現主義」と呼ばれ,ドイツに起こった.第一次大戦(1914-18)前後のドイツでは,社会情勢が不安定になり,混乱が続いたことがその背景にある.そのような状況下では,安定した,合理主義的な秩序に共感することはできなかったのである.

社会背景は異なるが,オフンダ・アムステルダムを中心に活動した「アムステルダム派」も,同様の美学のもとに,レンガや茅葺き屋根のような伝統的な素材を用い,自由曲面を多用する建築を提案した.

また,建築のモデルを「機械」にではなく「自然」に求める動きもあった.それは「有機的建築」と呼ばれるもので,木や石のような自然素材を多用し,形の多様性をよしとするものであり,「自然」には隠れた秩序があると考え,その秩序を抽出して,建築に適用しようとするやり方である.たとえば,植物は,葉や茎,根,花などの各部分が,それぞれ特有の機能を果たしながら1つの有機体として生きており,しかもその形はきわめて多様であると見ることができる.そのあり方を建築に応用し,機能と形の関係を重視するという考え方のもとに,建築のデザインが多様になることを承認する.つまり,幾何学的秩序にではなく,生命のあり方にその形の根拠を求めようというものである.また,建築の外形に,左右相称のような秩序を外から押しつけるのではなく,内部の必要に応じて建築の形は多様であるべきで,イレギュラーな形の建築になることを,むしろ積極的に受け入れるということである.

この章では,その「表現主義」と「有機

52 ── 第5章 「自然」をモデルにする建築

的建築」について，代表的な建築家やその作品をとりあげながら語る．

5.1 表現主義

(a) ドイツ表現主義

前章で述べたように，20世紀初頭には，合理主義思想に支えられた科学技術の進歩が実感され，その成果をとりいれようとする芸術活動，つまり「機械の美学」が盛んになった．そこでは目的(機能)に対応した形や，科学技術(テクノロジー)の成果を活用した形を探求することがよしとされた．しかし，そのような理性重視の傾向が強まるにつれて，感性がかえりみられなくなることを懸念する動きも起こった．つまり，人間が「機械」(科学技術)に従属することに対する危惧である．建築においては，それは「表現主義」や「有機的建築」として現れた．

第一次世界大戦(1914-18)前後の緊迫した社会情勢にともなって増大した不安感を背景に，ドイツで表現主義がおこった．それは，普遍的な価値を追求することよりも個人の内面の感情を表出することに意味を見るというもので，その具体的な手法としては，直角ではなく鋭角のモチーフを多用して緊張感や不安感を表現しようとするとか，水晶のような硬質で輝くイメージで崇高さや超越的な価値を表現しようとするものがあり，放物線や自由曲面で動きを感じさせようとするものも見られた．ダイナミックで彫刻的なイメージを重視する建築で，デ・ステイルのような幾何学的な要素による構成を重視するやり方とは対比的なものといえる．

その代表的な作品に，ブルーノ・タウト(Bruno Julius Florian Taut, 1880-1938)のガラスのパヴィリオン(1914)や，ハンス・ペルツィッヒ(Hans Poelzig, 1869-1936)設計のベルリン大劇場(1919)，エリッヒ・メンデルゾーン(Erich Mendelsohn, 1887-1953)のアインシュタイン塔(1924, **図5-1**)などがある．表現主義は，第一次世界大戦の敗戦直後には「機械の美学」を追求していた建築家にも影響を与え，後に，鉄とガラスの箱形の高層ビルをつくったルートヴィッヒ・ミース・ファン・デル・ローエでさえも，摩天楼計画案(2案, 1919, **図5-2**)で曲面や鋭角を多用したガラス張りのタワーを提案したほどである．グロピウスも，第一次大戦直後に，表現主義的な「3月革命犠牲者記念碑」(1921)を設計している．

図5-1 アインシュタイン塔

図5-2 ガラスの摩天楼計画

(b) アムステルダム派

オランダのアムステルダムでも，自由曲面を多用する，同様の建築が登場した．それを設計した若手建築家のグループはアムステルダム派と呼ばれる．彼らは雑誌『ウェンディンヘン』を中心に自分たちのデザインをアピールした．その主な作品は住宅建築，それも特に独立住宅と低所得者向けの集合住宅で，レンガや茅葺きのような伝統的な素材や手法を用いつつ，曲面の柔らかさをモチーフにした作品を生み出した．その代表的な建築家としてミヘル・ド・クレルク(Michel de Klerk, 1884-1923)らがおり，エイヘンハールトの集合住宅(1919, **図5-3**)などがある．

オランダでは同時期にロッテルダムでデ・ステイルが活動していたわけだが，対照的な動きが併存していたことに注意しなくてはならない．ひとつの潮流が支配的になると，それに疑問を呈する動きが同時期に現れるという，歴史上しばしば見られる状況が現出したということである．

図5-3 エイヘンハールトの集合住宅

5.2 有機的建築

(a) 有機的建築の定義

合理主義を基礎にし，科学技術の成果を積極的にとり入れつつも，抽象的で無機的な表現だけをよしとするのではなく，「自然」をモデルにしつつ，「自然」の要素を混在させようとする動きもあった．

「有機的建築」と呼ばれるこのような傾向は，かつてサリヴァンやライトが提唱したものだが，彼らはそれについて明確な定義をしていたわけではない．しかし，一般的には，それは「自然」をモデルにする建築と解釈することができる．つまり，自然の中に何らかの法則を見いだしてそれを建築に適用することをめざすものである．オザンファンやル・コルビュジエが「自然はもっとも完全な機械である」と主張したように，「自然」すら「機械」の典型と見なすという考え方もあったが，「有機的建築」では，「自然」を，環境に適応して生きるために各部がそれぞれの機能を果たしつつ，

全体がひとつの有機体になっていることや，生物はそれぞれ環境に適応しているが，その実際の形はさまざまだから状況に応じて多様な対応があることを重視すると解される場合が多い．そこから導き出される手法としては，それぞれの課題に対して異なった対応をよしとする建築（形が課題ごとに異なること，つまり形の多様性をよしとすること）であり，左右対称のような原理や原則によって全体を統括するというような建築ではなく，建物内部の機能の要請に対応しようとしてできた集合体としての建築（内から外へという指向を持つ建築）をよしとするということであり，さらには木材や石材のような自然素材を多用することも含まれる．

その代表的な建築家としてフランク・ロイド・ライトやアルヴァ・アアルトがあげられる．

(b) **フランク・ロイド・ライト**

ライトは，住んでいたシカゴ郊外の住宅地オーク・パークで，自邸を含め，住宅をたくさん建てていたが，そこでスキャンダルを引き起こしたため居続けられなくなり，ヴァスムート社からの作品集出版にあわせてドイツにしばらく滞在した後，故郷ウィスコンシン州のスプリング・グリーンに引きこもって，建築事務所と学校を兼ねた「タリアセン」を設立した．日本の帝国ホテル（1923，図13-4）を設計したのはそのころで，ロサンゼルスでのいくつかの住宅作品を除けば，設計の機会には恵まれなかった時期である．

長いブランクを経てライトが復活したのは1930年代である．彼は，サリヴァン同様に，自然には秩序が潜んでいると考えており，それを発見して建築に適用することをめざした．代表作のひとつ落水荘（1936，**図5-4**）は，滝の上に張り出した別荘である．構造は鉄筋コンクリート造だが，基礎はなく，岩の上に壁柱を4本平行に立てて，その上に建物を載せている．周囲の自然とできるだけ緊密な関係をつくりだすため，水平方向に開放的につくられ（ライトはカーテンやブラインドもつけさせなかった），居間から吊られた階段で流れのすぐ近くまで行けるようになっている．この建物に使われた石は敷地の近くで得られたものである．70才になろうとする建築家のものとは思えないほど，きわめて大胆かつ野心的な建築だった．また，ジョンソン・ワックス本社ビル（1936，**図5-5**）では，円をモチーフに，キノコ状の柱を並べて一体感のある執務空間をつくりだした．そこで用いられるエレベーターや机・椅子も円形をモチー

図5-4　落水荘

フにしてつくられていた(この建物における秩序や原理が「円」で象徴されるという意味である)．開口部にはガラス・チューブが用いられて，日光だけを室内に入れるなど，いたる所に独創性が発揮された建築だった．これらの建物にも示されているように，彼はキャンティレバーを好んだが，それは樹木(枝はすべてキャンティレバーである)に示唆を得た構造のあり方といえる．

これらを機に，ライトは旺盛な創作活動を再開し，プライス・タワー(1956，図5-6)，グッゲンハイム美術館(1956，図5-7)，タリアセン・ウェスト(1937〜56，図5-8)などの多様な作品を生みだした．いずれも，流動的な空間をテーマとし，構造もそれに対応して，柱や壁でできた四角い箱のような形やラーメン構造は一切用いられていないし，建物ごとにそのデザインは大きく異なっている．

ちなみに，彼は都市計画も発表した．そ

図5-5　ジョンソン・ワックス本社ビル

図5-6　プライス・タワー

図5-7　グッゲンハイム美術館

図5-8　タリアセン・ウェスト

れは「ブロードエーカー・シティ」(1932, 図5-9)と名付けられ，1つの核家族が1エーカー（約4 047 m²）の土地を所有し，食料を自給することを前提に，車など近代のテクノロジーを活用した都市である．ここには人種問題も貧困も想定されていないが，それこそが彼がイメージした「理想のアメリカ」だったといえるだろう．

(c) アルヴァ・アアルト

フィンランドのアルヴァ・アアルトの建築は，合理主義思想と，自然の素材やイレギュラーな形態を融合したものである．それは，科学技術の進歩に触発されたという点では「機械の美学」に基づく建築と同根だが，それに対して異なる対応の仕方がありうることを実例で示すものでもある．代表作に，パイミオのサナトリウム(1933, 図4-24)，ヴィープリの図書館(1935)，ニューヨーク万博フィンランド館(1939, 図5-10)，ヴィラ・マイレア(1939, 図5-11)，MITベイカー・ハウス(1948)，ヴォクセンニスカの教会(1958, 図5-12)などがある．たとえば，ヴィープリの図書館の講堂(図5-13)では，細い木材を天井に張り，講演者の声が後ろまで届くように，天井の断面を自由曲面でうねらせた．ニューヨーク万博のフィンランド館では，フィンランド特産の木材を多用した．内側に少し傾いたうねる曲面で壁を構成し，それによって展示面積を増やした．ヴォクセンニスカの教会では，集会の参加者の人数に応じて，教会の大きさを間仕切りの開閉で3通りに変えられるようにし，それと自由曲面を組み合わせた．機能性と，自身の好みである自由

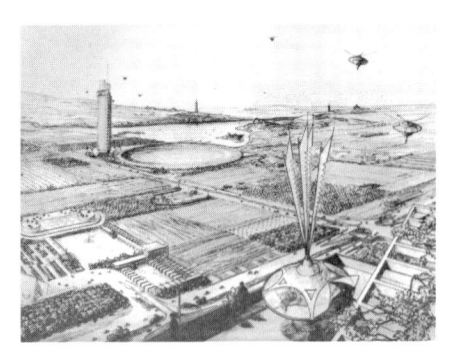

図5-9 「ブロードエーカー・シティ」計画（改訂版1950）

図5-10 ニューヨーク万博フィンランド館

図5-11 ヴィラ・マイレア

曲面，そして自然の素材を巧みに統合したわけである．このような，ヒューマニズムと造形の多様さがアアルトの建築の特徴といえる．

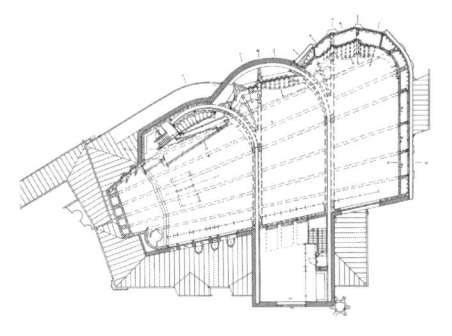

図5-12 ヴォクセンニスカの教会

図5-13 ヴィープリの図書館講堂

● 演習問題

1. ドイツに起こった表現主義の建築の特徴を説明しなさい．
2. オランダのアムステルダム派の建築の特徴を，代表的な作品をあげながら説明しなさい．
3. 「有機的建築」の特徴を述べなさい．
4. フランク・ロイド・ライトの作品から一つを選び，そこに示されたライトの建築の特徴について述べなさい．
5. 1930年代のアルヴァ・アアルトの建築の特徴を述べなさい．
6. 「ヴォクセンニスカの教会」に示された，アアルトの後期の建築の特徴を述べなさい．

第6章 「伝統」のデザイン

[概説]

　第6章では，1930年代の世界の建築界におけるひとつの潮流といえる，「伝統」への関心について語る．

　建築に「伝統」を表現することが求められることがある．たとえば，日本の国家的モニュメントを建設する際に，その表現を，欧米に見られるようなものではなく，日本独自のものにすべきだという声があがるような場合である．普遍性ではなく，その国独自の文化的価値を重視するという点で，そこには「国民国家」というシステムが深く関わっている．

　第1章で述べたように，「国民国家」という近代特有の統治システムは，人為的な集団にすぎない「国民」を統合していかなければならないという課題を抱えており，その統合のための仕掛けを必要とする．過去や文化を共有していることを主張して「国民」の精神的一体感を高めようとするのは，その一例といえる．しばしば，その国独自の「伝統」が重視されるようになるのはそのためで，1930年代は，「伝統」などの，その国独自の文化的価値を建築に表現することが世界的な潮流になった時代だった．「伝統」は一見古臭いテーマのように思えるが，実は近代的なテーマなのである．

　「伝統」のような，その国独自と考えられる文化的価値を重視しつつ，威厳を重視した建築をつくることは，ヒットラーに率いられたナチス・ドイツ，ムッソリーニ治下のイタリア，スターリン支配下のソビエト連邦のようなファシズム国家でさかんに行われた．建築が独裁国家の舞台装置として重視され，利用されたということである．ここで注意しなくてはならないのは，そのような傾向は独裁国家にだけではなく，同時期のアメリカやフィンランドなどのような，民主主義国家でも見られたということである．1930年代の上記の国々においては国の威信を表現することが重要で，その表現手法は新古典主義だった．時計の針が逆戻りしたような印象を受けるが，20世紀の一時期に新古典主義が世界で流行したことは，近代建築史の，まぎれもないひとコマと見なくてはならない．

　ちなみに，日本でも，1930年代に「日本的なもの」が建築界のテーマになるとともに，「日本趣味の建築」を求めるコンペ(設

計競技)がさかんに行われ，新古典主義風の建物の上に，寺院建築に見られるような，瓦葺きの勾配屋根を付ける案が当選し，建設された．それについては第12章で紹介する．

6.1 「伝統」という新しいテーマ

第1章で述べたように，近代の国家は「国民国家」である．それは国境内の人々を「国民」として位置づけるが，その「国民」は人為的に形成された集団にすぎないから，国家の側から見れば，その「国民」の一体化を図る必要がある．つまり，ある国の「国民」であることを意識し一体感を持たせることが，国家にとっての重要な課題になる．ナショナリズムはそのためのイデオロギーである．そこでは，ある国の「国民」であることに誇りが持てるようにすること，そしてそれに関連して他の国との違いを意識させることを通して，「国民」の一体感を高めること，要するに，固有の過去や文化を共有していると「国民」に信じさせることが，その一体化を図るために有効だと考えられたということで，国家のアイデンティティを主張しつつ表現することが重要なテーマとされた時代だったのである．

建築でもそれを具体的に表現することが求められ，ナショナリズムは「国民」統合のための思想として，近代の建築史のひとコマになった．しかし，「国民国家」形成の際に「国民」の誰もが承認する「真の伝統」も「真の伝統表現」も実際には存在しなかったので，「伝統」とは何かとか，その「伝統」をどう表現するかが国民国家にとっての新たな課題になったのである．逆説的ないい方だが，以上のことを踏まえれば，「伝統」が近代になって登場した，新しいテーマだったことが理解できる．

6.2 イデオロギーの表現 ── 国家を飾るデザイン ──

(a) ファシズムの建築

このような傾向は，まずファシズム国家に典型的に見られた．たとえば，アドルフ・ヒトラー（Adolf Hitler, 1889-1945）は，ナチス・ドイツの偉大さを誇示するための舞台装置として建築を重視した．彼は建築家のアルベルト・シュペーア（Berthold Konrad Hermann Albert Speer, 1905-81）を重用し（42年に軍需大臣に任命），ゼッペリンフェルト（1934，図6-1）や，ベルリン計画（1937〜40），総督官邸（1938）などを設計させた．ナチスは大衆の心理操作を重視したため，夜の集会でサーチライトを上に向けて並べて照射し幻想的な雰囲気をつくりだした「光の聖堂」（1934）のような，イベントのためのデザインも試みた．

ベニート・ムッソリーニ（Benito Amilcare Andrea Mussolini, 1883-1945）支配下のイタリアでも同様の傾向が見られた．ムッソリーニが当初はインターナショナル・スタ

60 —— 第6章 「伝統」のデザイン

図6-1 ツェッペリンフェルト

イルを擁護したこともあって，そのもとでジュゼッペ・テラーニ（Giuseppe Terragni, 1904-43）のカサ・デル・ファッショ（1936, 図6-2）のような近代建築がつくられたが，やがて威厳重視の，新古典主義的な建築が推奨されるようになった．ローマ郊外につくられた新都市EUR（エウル）の建築（図6-3）はその典型である．

(b) 社会主義美学

ヨシフ・スターリンが実権を握ったソビエト連邦では，「社会主義美学」がよしとされた．これは，民衆の求めるものがいいものであるという建前を掲げながら，実際には権威主義的な新古典主義のデザインを適用するもので，これがソビエトの，そして戦後その影響下に入った東ヨーロッパ諸国の公認のデザインになった．モスクワ大学（ルドネフ他Rev Rudnev, 1952, 図6-4）などがその典型的なものである．国家による「社会主義美学」の公認とともに，モダンな建築（近代建築）は「資本主義的」「ブルジョア的」として忌避されることになった．

図6-2 カサ・デル・ファッショ

図6-3 EUR

6.2 イデオロギーの表現 —国家を飾るデザイン— 61

図6-4 モスクワ大学

(c) **民主主義国家の新古典主義**

新古典主義的な傾向が1930年代に強まったのはファシズム国家だけではなかった．民主主義を標榜した国にも同様の動きが現れた．たとえばアメリカでは，30年代に建てられた連邦政府関係の建物に採用された．このことから，アメリカではそれを「WPA・ポストオフィス・スタイル（雇用促進局・郵便局様式）」と呼ぶ．リンカーン・メモリアル（ベイコンHenry Bacon, 1866-1924, 1922）は人種差別撤廃のシンボルだが，そこに適用されているのはドリス式オーダーを持つ新古典主義で，ジェファーソン・メモリアル（ポウプJohn Russel Pope, 1874-1937, 1943, 図6-5）は，アメリカ建国時の偉人を記念するモニュメントだが，そこに適用されているのは古代ローマのパンテオンを範とする新古典主義（ジェファーソンがアメリカに導入した様式でもある）である．

また，フィンランドの国会議事堂（シレン Johan Sigfrid Sirén, 1889-1961, 1931, 図6-6）も新古典主義である．フィンランドはロシアの支配下にあったが，1917年のロシア革命で帝政ロシアが崩壊した時に独立した．その後共和国としての道を歩みはじめたこの新興国の威信をアピールするために選ばれたのは，やはり新古典主義だったのである．

新古典主義によらずにその国独自の表現を試みた国もある．たとえば，スウェーデ

図6-5 ジェファーソン・メモリアル

図6-6 フィンランド国会議事堂

ンのストックホルム市庁舎（エストベリ Ragnar Östberg, 1866-1945, 1923, **図6-7**）は中世の建築にデザインの手がかりを求めようとした例である。

図6-7 ストックホルム市庁舎

● 演習問題

1. 国家の威信を表現する建築が1930年代に求められた理由を説明しなさい．
2. ナチス・ドイツで行われた建築の特徴を説明しなさい．
3. ファシストが1930年代のイタリアで推進した建築について，具体例を挙げながら説明しなさい．
4. アメリカのWPA・ポストオフィス・スタイルについて説明しなさい．

第7章 技術の発展と表現

[概説]

　第二次世界大戦後には，それまで一部の先進国でだけ試みられていた近代建築が世界中でつくられるようになった．そのような流れのなかで，構造技術の進歩を背景に，その成果を活用した建築が建てられるようになった．それは高層建築であり，シェル構造や，吊り構造などである．いい建築家は，デザインのための新たな手がかりを常に求めているが，この時代ではその手がかりとして注目されたのが新しい構造技術であり，それを活用してそれまでは不可能だった新しい表現を試みることが建築家にとって魅力あるテーマになったということである．

　高層建築が世界中でつくられるようになったのは第二次世界大戦後である．その初期のものの多くは鉄骨造による箱形の建物で，ガラスのカーテン・ウォールで覆われるというものだった．そのプロトタイプをつくり出したのがルートヴィッヒ・ミース・ファン・デル・ローエである．彼は1937年に渡米し，戦後はアメリカの工業力と経済力を背景に，鉄骨造を活用した，シンプルで，透明感のある箱形の建物を設計した．

やがて，単純な箱形を脱却しようとするデザインや，内部に大空間を入れた高層建築もつくられるようになった．

　シェル構造を活用したデザインで注目される建築家はイーロ・サーリネンである．鉄筋コンクリート造の3次曲面を持つその建物は，大スパンをより少ない材料や柱で覆うことを可能にし，それまでになかった，軽やかな彼の造形は注目を集めた．

　吊り構造は，張力がつくりだす形をモチーフにするもので，カテナリー曲線を利用したものや，ケーブルで各階を吊った高層ビルなど，いろいろなアイデアが提案された．張力をテーマにしたものとしては，ミュンヘン・オリンピック・スタジアムに代表される，テントのような皮膜を持つものもつくられた．

　この章では，それに続けて，ル・コルビュジェの戦後のデザインについて，特に彼が「機械の美学」(近代テクノロジーの活用)と有機的形態を調停しようとしたことについて述べる．それは，テクノロジーと人間の関係を築き直そうとする動きとも見られる．

　また，第二次大戦後には，各国で，アテ

ネ憲章に代表される近代都市計画理論を実践した大規模な都市が計画・建設された。しかし，それが必ずしも理論通りには機能しなかったことから，近代都市計画の限界が広く認識されるきっかけにもなった．

7.1 高層ビルの建設

(a) ミースの建築

　第二次大戦後の建築界におけるひとつの目立った傾向は，進んだ構造技術を活用して，新しい形を提案するというものだった．それを象徴する例のひとつが高層ビルの建設である．

　その最初のものは，鉄骨造で，立面全体がガラスのカーテン・ウォールで覆われるというタイプである．そのプロトタイプを提案したのはミースである．シカゴに移住後，彼はアメリカの技術力や経済力を背景に，鉄骨造の建物を次々に設計した．ファーンズワース邸(1950，図7-1)や，レイクショア・ドライブのアパート(1951)，イリノイ工科大学キャンパス(1943〜52，図7-2)，シーグラム・ビル(1958，図7-3)などがその代表的なものである．

　ミースは，建築は時代精神を表現すべきだと考えていた．「時代精神」はドイツ哲学の基本概念の一つで，ある時代を特徴づける思想や心的状態(気分)を意味し，その精神はその時代の人間の活動のすべてに等しく現れるとされる．ミースは，20世紀の時代精神が科学技術の進歩にあると考えたので，それを利用した建築をつくることを目ざした．また，彼から見れば，建築に求められる機能は時代精神と呼ぶにはあまりに個別的で，変わりやすいものなので，そ

図7-1　ファーンズワース邸

7.1 高層ビルの建設 —— 65

に特定の施主のためにつくるのが建築の現実のつくられ方ではあっても，彼はつねに他にも適用可能なデザイン手法を提案しようとした．そのような普遍性重視と，秩序と気品を重視する美学を融合したのがミースの建築である．

彼は，"Less is more."（より少ないことはより豊かなことである）を建築美の理想とした．無駄と思える要素をできるだけ排除することがいいデザインにつながるという考え方である．彼の建築は，一見その忠実な反映のようだが，たとえば，シーグラム・ビルの柱の間の鉄骨の方立は，大理石張りの基壇とあいまってこの建物の立面をエレガントかつシャープに見せるのに効いている要素ではあっても，実はそれは構造的には何の意味もない（装飾にすぎない）ことなどに，彼の美意識とのせめぎ合いがかいま見えることにも注意しなくてはならない．

ミースがつくりだした高層建築のプロトタイプ，つまり鉄とガラスの箱形の高層ビルはその後世界中で建てられ，都市中心部の景観を形成することになった．

図7-2 イリノイ工科大学クラウン・ホール

図7-3 シーグラム・ビル

れを設計のよりどころにするのではなく，代わりに「ユニヴァーサル・スペース」という，どのような機能にも対応できる，無性格な空間をつくろうとした．それがこの時期の彼の建築を特徴づける．大スパンの，単純な大きな箱形で，それを可能にしたのが，部材断面を細くできる鉄骨造だった．ここには，ミースが合理主義者であって，普遍的な価値を重視していたことが象徴的に示されている．実際にはある特定の敷地

(b) 高層建築のデザイン

シーグラム・ビルと並んで，50年代を代表する高層ビルとしてレヴァー・ハウス（SOM, 1952, 図7-4）があげられる．この2つのビルは，どちらもニューヨーク中心部のパーク・アヴェニューという，土地をもっとも高密に利用することが求められる一等地に建てられたが，どちらも敷地（私有地）の一部を広場として一般に開放している．シーグラム・ビルの場合は，広場は

図7-4　レヴァー・ハウス

図7-5　国際連合ビル

図7-6　ピレッリ・ビル

トラバーチンを張った前庭(長方形の池が配されている)としてつくられ，ビルはその後ろに建つ．レヴァー・ハウスの場合は，敷地いっぱいに低層棟を建て，その一部に高層棟が立ち上がり，低層棟のピロティ部分を歩行者に解放するとともに，その屋上に植栽をするというものだった．この敷地いっぱいの低層棟の一部に高層棟が立ち上がるという手法は，他の建築家に支持され，この形式を採用したビルが世界中に建てられた．

　当初の高層ビルは単純な箱形だった．ル・コルビュジエ原案の，国際連合ビル(図7-5)も，妻面を壁で覆うという彼の好みが反映しているとはいえ，箱形という点では同じだった．しかし，60年代になると，高層ビルのデザインに，単純な箱形を脱却しようとする試みが見られるようになった．たとえば，ミラノのピレッリ・ビル(ポンティ Gio Ponti＆ネルヴィ Pier Luigi Nervi,

1958, 図7-6)は両サイドをくさび形にした変形12角形状の平面で，ペアで設けられた巨大な壁柱の端部を，荷重に応じて上階に行くほど細くした姿を立面に見せつつ，軽快かつシャープで，印象的な外観をつくり

7.1 高層ビルの建設

図7-7 トーレ・ヴェラスカ

だした．同じミラノに建てられたトーレ・ヴェラスカ（BBPR，1958，図7-7）は，中世風の，窓の小さいマッシブな造形で異彩を放った．フェニックス・ラインロール・ビル（現ティッセンハウス，ヘントリッヒ Helmuth Hentrich＆ペチュニック Hubert Petsunigg，1960）は，幅の薄い複数のオフィス棟を非相称にずらして構成したものである．また，シカゴのジョン・ハンコック・センター（SOM，1970，図7-8）の外形は上すぼまりで，その外壁には，耐風用の大きな筋違いが立面のデザイン要素としてつけられていた．ニューヨークのワールド・トレード・センター（ミノル・ヤマサキ Minoru Yamasaki，1912-86，1973，図7-9）は2棟の同形の高層ビルを並べて建てることによって，スレンダーで，エレガントな印象をかもし出した．

そのほかに，内部に大空間を設けた高層ビルも登場した．ニューヨークのフォード財団ビル（ローチ Kevin Roche＆ディンケルー John Dinkeloo，1967，図7-10）やハイアット・リージェンシー・ホテル・サンフランシスコ（ジョン・ポートマン John Portman，1924-，1972）はその初期の代表的なものである．

図7-8 ジョン・ハンコックセンター

図7-9 ワールド・トレード・センター

ジェームズ・スターリング(James Frazer Stirling, 1926-92)のように, テクノロジーの可能性をデザインにより積極的に生かそうとした例もある. たとえば, レスター大学工学部(1959)やケンブリッジ大学歴史学部棟(1968, 図7-11)のようなもので, キャンティレバーと, ガラスの透明感と赤いタイルの対比的構成による, ユニークで印象的な表現が見られる.

図7-10 フォード財団ビル

図7-11 ケンブリッジ大学歴史学部棟

7.2 技術の発展とデザイン

(a) イーロ・サーリネン

1960年代から70年代にかけて, 最新の構造技術を適用してそれまで不可能だった形態を実現した建築が登場した. これは, 新しい技術がよりよい建築を約束することに意味を見出すということで, 近代建築の典型例といえる.

その代表的な建築家としてイーロ・サーリネン(Eero Saarinen, 1910-61)があげられる. 彼はニューヨークのTWAエアターミナル・ビル(1962, 図7-12)で, 鉄筋コンクリート造のシェルを採用した. 長手方向約100mのこの建物の屋根は, 4つのHP(双曲放物面)シェルで構成され, それをたった4本の鉄筋コンクリートの柱で支えてい

た. 中は無柱の一体空間で, HPシェルの曲面を生かした, ユニークなデザインになっていた. 鉄筋コンクリート造は型枠に流し込んでつくられるので可塑性があり, その特性を利用できる点でもシェル構造に適応性があった.

また, 彼は吊り構造にも挑戦した. イェール大学ホッケー場(1958)では, 中央に長手方向に鉄筋コンクリート造の竜骨状のアーチをかけ, そこから両側面の鉄筋コンクリート造壁にケーブルを並べて垂らして屋根の構造とし, そのカテナリー曲線を外観にそのまま表現した. また, ワシントン・ダレス国際空港ターミナル(1962, 図7-13)では, 離れて立つ, 外向きにカーブした2

本の鉄筋コンクリート造柱列の間に吊り屋根を架け，その曲線をそのまま表現につなげた．この構造では壁は不要なので，その部分はすべてガラス張りになっていた．このように，サーリネンはシェル構造や吊り構造をデザインに積極的にとり入れることによって，それまでにない造形を可能にしたのである．

(b) シェル構造，吊り構造，膜構造

シェル構造の有名な例としては，ほかにシドニー・オペラハウス(ヨン・ウッツォン Jørn Oberg Utzon, 1918-2008, 1973, 図7-14)などがある．吊り構造では，ほかに東京オリンピックのためにつくられた国立屋内総合競技場(丹下健三，1913-2005, 1964, 図14-14)がある．また，BMW本社ビル(カール・シュヴァンツァー Karl Schwanzer, 1918-75, 1972, 図7-15)は中央の鉄筋コンクリート造のコアの塔からクローバー型平面のオフィス部分を吊ったもので，それは，地上で最上階を最初につくって1階分吊り上げ，その下の階を地上でつくり，さらに1階分吊り上げるという作業を繰り返していけばいいという，施工のしやすさを兼ね備えた提案でもある．また，ミネアポリス連邦準備銀行(グンナー・バーカーツ Gunnar Birkerts, 1925-, 1973, 図7-16)では門型の大架構の入隅からカテナリー曲線に沿って鉄骨を配し，それに各階をぶらさげたもので，鉄骨の上下でガラス面の位置を変えてこの曲線を際だたせているのは，この構造の特性を利用してユニークな立面をつくり出したということである．

図7-12　TWAエアターミナル・ビル

図7-13　ダレス国際空港ターミナル

図7-14　シドニー・オペラハウス

このほかに膜構造も試みられた．その代表作として，構造家のフライ・オットー (Frei Paul Otto, 1925-)が設計したミュンヘン・オリンピック競技場(1972，**図7-17**)がある．ここでは，いろいろな方向からケーブルによって張力がかけられた膜による造形で，その緊張感と，重力を感じさせない軽やかな表現を特徴とする．

図7-15　BMW本社ビル

図7-17　ミュンヘン・オリンピック競技場

図7-16　ミネアポリス連邦準備銀行

7.3 戦後のル・コルビュジエ

(a) 規格化とヒューマニズム調停の試み

第4章で触れたように，ル・コルビュジエの造形には1930年頃から変化が見られた．それは有機的なモチーフを導入しはじめたことである．たとえば，自由曲面を使い，自然石をその壁面に配するというようなもので，パリの学生都市スイス館(1932)やアルジェ計画(Aは1930，Bは1933，図4-19)などがその初期の例である．これは，彼が「機械の美学」からの脱却を図りはじめたことを意味する．

第二次大戦中(1939-45)に住宅が多数破壊され，戦後その復興が重要な課題になった．それに対応して，ル・コルビュジエはマルセーユにユニテ・ダビタシオン(1951，図7-18，「居住単位」を意味する)を建てた．これは約1,600人を収容する集合住宅で，鉄筋コンクリート造でつくられ，地面を歩行者に開放できるように，建物全体がピロティで持ち上げられていた．その途中の2階分には商店街がつくられ，屋上には体育館や託児所が設けられた．これはいわば「垂直の都市」であり，この「居住単位」を，間隔を空けて建てれば住宅問題は解決するというのが彼の考えだった．この建物では廊下が3層おきに設けられ，それにメゾネット形式の住戸がとりつくかたちになっていた．それぞれの住戸は長手方向の外壁2面に開口を持ち，その一方のテラスに接して2層吹き抜けの居間が設けられるので，プライバシーと眺望，通風に同時に対応できることになる．ここにも彼らしい「一般解から特殊解へ」という普遍性重視の姿勢が見られる．

この巨大な建物の設計に，ル・コルビュジエは「モデュロール」(図7-19,「黄金の〈つまり，最高の〉モデュール」という意味の彼の造語)という，彼が考案した寸法シ

図7-18 マルセーユのユニテ・ダビタシオン

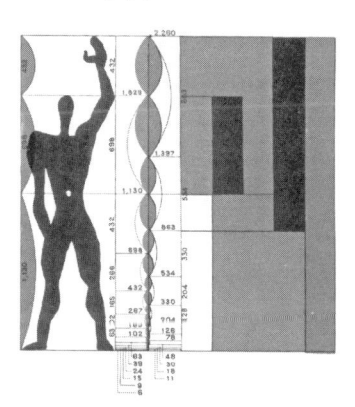

図7-19 モデュロール

ステムを適用した．それは身長6フィート(1830mm)の人間が片手をあげた姿勢(その高さは2260mmで，ヘソの高さが1130mm)を基準とし，フィボナッチ数列(相隣る2項の和が次の項になり，かつ公比が限りなく黄金比に近づく数列)になっていた．つまり，通常のモデュールのような，同じピッチで繰り返されるものではなく，ダイナミックに展開する数列で構成されたものだった．ル・コルビュジエによれば，ユニテ・ダビタシオンの各部の寸法はすべてこのモデュロールの数列から選ばれた．たとえば個室の天井高と幅は2260mmになっている．

以後ル・コルビュジエはモデュロールを愛用し，彼の弟子にもそれを採用した例がある．しかしそれ以上の拡がりは持たなかった．このモデュロールの歴史的意義はその普遍性志向にではなく，人体寸法を基準に建築や調度の規格をつくろうとした点にある．つまり，ル・コルビュジエは，大量生産を前提とする近代文明を支えるものとしての規格の重要性は認めつつ，それと人間的尺度とを調停しようとしたのである．そこには「機械の美学」がひとり歩きすることへの疑問があり，彼はそれが人間と何らかのかたちで関係づけられるべきことをこの頃重視していたことを示すものである．

ル・コルビュジエはロンシャンの教会(1954，**図7-20**)でも有機的な形を追求した．これは戦災で破壊された山の上の教会の復興で，がれきを積んで壁として再利用しつつ，鉄筋コンクリート造シェルの屋根を架けたものだった．斜面に建つラ・トゥーレットの修道院(1957，**図7-21**)では，コンクリートの粗い肌を生かし，ピロティやモデュロールなど，彼が開拓したボキャブラリーを用いて，神聖な雰囲気の建物をつくり出した．

(b) チャンディガール計画

ル・コルビュジエは，戦後にインド政府から新しい都市の設計依頼を受けた．それはパンジャブ州の新州都をつくるもので，チャンディガールと呼ばれ，1951年に設計され，翌年から建設がはじまった．計画人口は15万人(第1期)だった．

この都市では，道路がv1からv7の7つのランクに分けられ，そのうちのv3の道路によって800m×1200mの区画に区分された(**図7-22**)．そして，街の北部に行政地区，中央部に商業地区，東側に工業地区を配置

図7-20　ロンシャンの教会

図7-21　ラ・トゥーレットの修道院中庭

7.4 「反建築」── 73

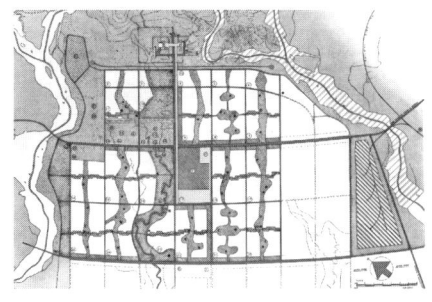

図7-22 チャンディガール計画

するなど，ゾーニングが採用され，それらをつないで，自由曲線でデザインされたグリーンベルトがグリッド状に配置された．グリーンベルトは歩行者専用で，道路のグリッドとは重ならないようになっていた．

チャンディガールは，ル・コルビュジェの近代都市計画の理想を全面的に適用してつくられた都市だったが，実際にはうまく機能しなかった．それは，車を前提にした都市計画だったこと，暑さが厳しい場所なのでグリーンベルトが想定通りには活用されなかったことなど，発展途上国であることや気候についての配慮が不十分だったのがその理由だった．このことは，普遍性を標榜する西欧的な理念の限界を示すものでもあった．

7.4 「反建築」

イギリスで1961年に若手建築家のグループ「アーキグラム」が結成された．彼らは，大量消費社会の到来を前提に，それにふさわしい匿名性の建築を提案した．たとえば，「プラグイン・シティ計画」（ピーター・クックPeter Cook, 1936-, 1964）や「プラグイン・タワー計画」（ウォーレン・チョークWarren Chalk, 1927-87, 1964）では，電気製品がコンセントに差し込むだけで機能するように，ユニットになったカプセルをコアに着脱できるようにするアイデアが示されている．また，「歩く都市」（ロン・ヘロン，Ron Herron, 1930-94, 1964, 図7-23）というプロジェクトでは，都市全体が大きな機械のようになっており，それが車輪付きの足で支えられ，移動できるようになっていた．「都市も動いていい」という提案をしたのである．同じヘロンの「インスタント・

図7-23 「歩く都市」計画

シティ」計画(1970, **図7-24**)では，カンヌの映画祭を想定し，イベントがあるときだけ，アドバルーンを使ってテントでできた大きな屋根を浮かせ，スクリーンもアドバルーンで吊ればいい，つまり，「すぐにつくれ，一時的に存在する都市」というアイデアを提案した．これらはプロジェクトで，実際につくることを想定したものではなかったが，近代技術文明を肯定しつつ，新しいアイデアを提出し，「建築」や「都市」の概念を広げてみせたことが評価される．

このようなプロジェクトを，建築史家ウィリアム・カーティスは Modern Architecture since 1900 (Phaidon，初版1882，改訂版1987，ペーパーバック1996) で anti-architecture（反建築）と呼んだ．

図7-24 「インスタント・シティ」計画

7.5 戦後の都市計画

(a) ニュータウン

第二次世界大戦後のイギリスで「ニュータウン」がつくられはじめた．これは1946年のニュータウン法にもとづくもので，大都市周辺に雇用と居住機能を兼ね備えた，人口5〜8万人の自立的な都市を建設するというものだった．大都市の無秩序なスプロールをおさえ，住みやすい都市をつくることを目的とした．田園都市もそうだったが，イギリスでは，新たな都市をつくる際にベッドタウンではなく，居住機能とともに雇用の場も備えた，自立的な都市をつくる傾向があり，この「ニュータウン」もその流れに沿ったものといえる．これらのニュータウンでは，「歩行圏」（人が苦痛を感じることなく歩ける距離のことで，たとえば800mという数値が設定された）など，いろいろな計画手法が開発され，コンパクトで住みやすい都市をめざした．

アメリカやフランスでも，大都市のスプロールを抑制するために，同様の施策を行った．同様の傾向は日本でも見られたが，一般に，イギリス以外のものは，自立した都市というよりもベッドタウン的なものが多い．こうして先進国に多数ニュータウンがつくられたが，イギリスのものも含め，人が住みよい都市ができたというような成功例はほとんどなかった．

(b) ブラジリア

ル・コルビュジェのチャンディガール以外にも，近代建築家が新都市を計画した例

がある．その代表的なものがブラジルの首都ブラジリア（図7-25）で，ルシオ・コスタ（Lucio Costa, 1902-98）の設計で，1957年から建設がはじまった．ジャングルを切り拓いてつくられたもので，都市全体はジェット旅客機を上から見た形を採用し，スーパーブロックという，ブロック内に通過交通を入れない大きな区画を街の単位として計画された．しかし，ブラジリアもチャンディガール同様，車優先の計画で，貧困層は住むことができず，成功した都市計画とはいいがたい．

以上のことは，ル・コルビュジェの「アテネ憲章」で代表されるような近代都市計画の有効性に大きな疑問を投げかけることになった．近代建築家が，白紙の状態から理想的と思える都市を計画したにもかかわらず，それがうまく機能しないことが明らかになったのである．市民が車を持つことが前提になっていることや，効率最優先の，秩序重視の都市計画だけでは魅力的な都市はつくれないことが認識されはじめた．そもそも人間は魅力的な都市を計画できるのかという疑問も生じたが，今日に至るまで，その有効な打開策は提案されていない．

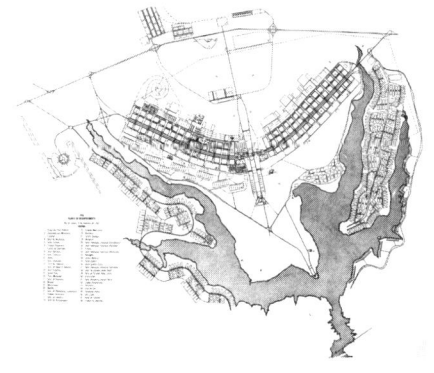

図7-25　ブラジリア計画

● **演習問題**

1. 戦後に建設された高層ビルのデザインの歴史を略述しなさい．
2. マルセーユのユニテ・ダビタシオンに示されたル・コルビュジェの建築観について述べなさい．
3. イギリスのアーキグラムについて説明しなさい．
4. イギリスの戦後のニュータウンの特徴を述べなさい．
5. 近代建築家が提案した都市計画の問題点について述べなさい．

第8章 相対主義的思考

[概説]

　第二次大戦後に近代建築が世界中でつくられるようになるにつれ，それが必ずしも理論通りには機能しないことが明らかになりはじめた．近代建築は，合理主義にもとづき，本質的・普遍的価値を重視して科学技術を活用するとともに，新しい美学を適用することによって，人間のためのよりよい環境を提供できるはずだったが，鉄とガラスでできた建物は無機的だとか，世界のどこでも同じような建物が建てられるのはいいことなのか，というような疑問が出されはじめた．近代都市計画の理論を全面的に適用して建設された都市が魅力あるものにならないという問題も指摘されるようになった．

　また，開発が巨大になって公害問題などが起こるにつれ，また軍事技術の進歩にともなって大量殺戮の危険が高まるにつれ，科学技術に対する全面信頼は影を潜め，それは人間に害を及ぼすものにもなり得ることが認識されはじめた．

　近代建築が完全ではないことが明らかになってきたことに対して，それを改善するためのさまざまな方策が提案された．たとえば，木材などの自然素材を導入することや，ヒューマンスケールを重視した建築が試みられ，地域の特性や歴史を反映した建築をつくるべきだという主張もされるようになった．都市をどう認識するかに関しても，ル・コルビュジェのような鳥瞰的な視点ではなく，人間の目線から都市を認識するべきだという主張も現れた．

　近代建築の基盤になっていた合理主義にも疑問が提起されるようになり，本質的・普遍的価値を重視するだけでは，いい環境をつくれないことが問われるようになった．近代における空間認識の代表的なものはデカルト座標で，それはX，Y，Z軸というそれぞれ直行する線を基準に，3つの数字（座標）の組み合わせで，位置を表示するシステムである．どの点も等価という点で合理的で抽象的な空間認識といえるが，人間にとっての空間は，前と後ろ，上下左右で異なる意味を持つわけで，建築もそれに対応してつくるべきだというような考え方が出されるようになった．つまり，人間にとっては，空間は均質ではないという認識である．

　1970年代になると，近代建築にはもはや

未来がないとして、それ自体を否定し、まったく別の建築をめざすべきだという動きが現れた。それは「ポスト・モダニズム」と呼ばれ、80年代の建築界で隆盛した。それは短命に終わったが、近代建築を相対化した点に歴史的意義が認められる。

この章では、そのような近代建築への懐疑、それを修正しようとする動き、そしてポスト・モダニズムについて、建築家の思想や彼らの作品を紹介しつつ、語る。

8.1 ニュー・ブルータリズム

戦後のイギリスの若手建築家の中から、「ニュー・ブルータリズム」と呼ばれる動きが起こった。その中心になったのは、アリソン（Alison Smithson, 1928-93）＆ピーター（Peter Smithson, 1923-2003）・スミッソン夫妻だった。彼らは、一世代上のイギリスの建築家たちの仕事が近代建築の理念を十分実践できたものとはいえないと批判しつつ、近代社会にふさわしい建築をめざした。彼らが共感したのは、"Less is more."に象徴されるミースの禁欲的なデザインや、ル・コルビュジエの打放しコンクリートのような、直截的な素材表現だった。彼らの初期の代表作ハンスタントン中学校（1954，図8-1）は、鉄骨造で、工業製品を多用し、構造や材料、設備配管を隠すのではなく、そのまま現したデザインで、近代建築の理念を純粋なかたちで表現しようとする彼らの先鋭的な姿勢をよく示している。

図8-1　ハンスタントン中学校

8.2 空間の差異化

(a) チームX

スミッソン夫妻はル・コルビュジエの表現に影響を受けたが、その都市計画については批判した。1953年の第10回CIAMで、他のヨーロッパの同世代の建築家とともに、アテネ憲章に象徴される、機能だけで都市をとらえられるという思想や、高層建築だけをよしとする都市像に疑問を提起し、CIAMを解体に追い込んだ。10回目のCIAMを準備するメンバーだったということで、彼らは「チームX（テン）」と呼ばれた。

アテネ憲章が「居住・労働・余暇・交通」というカテゴリーで都市を理解しようとしたのに対し、ピーター・スミッソンは、「house-street-district-town」（住まい―通り―地域―まち）という、人間を中心にした同心円状の都市認識が必要だと説いた。アテネ憲章が鳥瞰的で、機能への対応を最重要視する都市認識とすれば、スミッソンのものは地上の人間の視点からの都市理解

の仕方といえ，戦後のヨーロッパで隆盛した実存主義の影響が見られる．また，彼は「人は木より高いところに住むべきではない」と述べ，高層アパートだけをよしとするル・コルビュジエ流のすまい方を批判し，低層高密こそが人間にとって好ましい居住環境だと主張した．

オランダのアルド・ファン・アイク(Aldo van Eyke, 1918-99)も実存主義的な空間イメージを提唱した．彼は，デカルト座標的な，XYZ軸のもとに3つの数字で位置(座標)が指示されるような，均質な空間として建築や都市を認識するのはまちがっていると感じ，自分の場と感じられる空間を中心にすえつつ，それとそれを取り巻く空間との境界部分に配慮してデザインすることが重要と考えた．彼がアムステルダムにつくった孤児院(1960, 図8-2)は，シンプルな要素を組み合わせて，小さな長方形の空間を周囲の空地と関連づけつつ，適度に囲まれた感じの空間が雁行形に並ぶ変化のある建築になっていた．「小さな都市としての建築」というのが彼のコンセプトだった．

(b) ルイス・カーン

ファン・アイクと同様に，空間の象徴性や意味を重視したのがアメリカのルイス(ルー)・カーン(Louis Isadore Kahn, 1901-74)である．カーンは秩序や調和，慣習を重視し，それを読み取って建築に表現することをめざし，「order-form-design」という設計原理を提唱した．その「order」は秩序や調和の重要性を意味し，「form」は，「形」そのものを意味するというよりも，モノの働きとそれを達成するために欠かせない要素を見抜くことであり，「design」はそれを目に見える形として表現する行為をさす．彼が「建物はどうありたいと願っているか」を重視したのも，このような考えに由来する．彼にとって，建築は永続的・普遍的な価値を表現するもので，それによってその形は記念性・象徴性を帯びることになるという．たとえば，ペンシルヴェニア大学リチャーズ・メディカル・リサーチ・センター (1964, 図8-3)では，医学研究所に求められる要件を，フレキシブルな実験室，それを支える設備スペースという2種

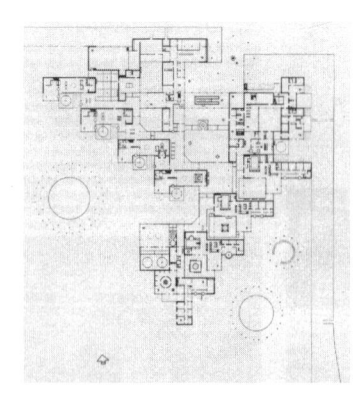

図8-2 アムステルダムの孤児院

図8-3 リチャーズ・メディカル・リサーチ・センター

類の性格の異なる空間が構成されたものと認識し（formの認識），それをプリキャスト・コンクリートで組んだフィーレンディール・トラスを使うことによって実現した（designの認識）．また，彼はこの建物で「served space（奉仕される空間）」と「servant space（奉仕する空間）」という，性格の異なる2種類の空間を用意した．前者は実験室棟で，後者はそれを機能させるための階段や竪配管などのスペースであり，その違いをそれぞれの立面に表現することで，変化に富んだ外観をつくりだした．また，キンベル美術館（1972，図8-4）では，美術品を自然光の下で見ることを重視し，そのために鉄筋コンクリート造のヴォールト状の梁（スパン約30m，屋根でもある）を架け，その頂部に長手方向にスリットを入れて，そこから入る光をスリット下の金属製反射板でバウンスさせて照度の変化を押さえつつ，展示空間にやわらかな自然光をとり入れている（formの認識）．そしてこのヴォールト状の構造のユニットがこの建物の原理であるということで，それを外観に表現した（designの認識）．なお，設備スペースは各ヴォールトの長手方向の間に平行に設置されている．

図8-4 キンベル美術館

8.3 地域性及び多様性への関心

(a) リージョナリズム

近代建築は普遍的価値を重視したから，場所の特性や歴史的な価値は重要なテーマとは見なされなかった．また，抽象的な面や線による構成を重視したため，形の意味（建築の形が見る人に何らかの意味を感じさせること）にも関心が寄せられなかった．1960年代から，近代建築のこのような考え方や美学についての疑問が提起されるようになった．それは，地域性や歴史性への注目や，形自体への問いというかたちで見られるようになった．

地域性重視はリージョナリズム（地域主義）として現れた．たとえば，ドイツのベンスベルクは中世の面影を残す町だが，そこに市庁舎を建てる際，ゴットフリート・ベーム（Gottfried Böhm, 1920-）は，その景観にあわせるため，鉄筋コンクリート造で不整形の平面と中世風のマッシブな塔を持つ建物（1969）を設計した．メキシコの民家に見られる，赤や紫，黄色などの派手な色を大胆に適用し，荒いテクスチャーを生かしつつ詩的な建築をつくったルイス・バラガン（Luis Barragan Morfin, 1902-88）も，

リージョナリズムの範疇に入れられる．建築史家のクリスチャン・ノルベルグ=シュルツ(Christian Norberg-Schulz, 1926-2000)が提唱した「ゲニウス・ロキ(地霊)」(それぞれの場所には固有の価値や霊が宿っており，それに配慮して設計すべきだという主張)も注目された．これも，少なくとも人間にとって，空間は均質ではなく，それぞれの場所が異なる意味を持ったものとしてあるという認識，いいかえれば「場」の特性を認識することが，そしてそれを建築のデザインに反映することが重要だという認識が世界で共有されるようになったことを意味する．

(b) コンテクスチャリズム

コンテクスチャリズム(文脈主義)もこのころ注目されはじめた．これは，周囲の景観などになんらかの意味や原則を発見してそれを手がかりに建物(特に外観)の設計をしようとするものである．たとえば，フランクフルト市立工芸美術館(リチャード・マイヤー Richard Meier, 1934-, 1984, 図8-5)では，隣接する既存建物の窓割りや高さに合わせて新築建物のファサードがデザインされている(このファサードが内部の要請から決まっているのではないということ)．

(c) 歴史的建造物の保存活用

リージョナリズムもコンテクスチャリズムも，既存の，または個別の価値に敬意をはらうという点で共通している．1960年代からひとつの運動として注目されはじめた歴史的建造物の保存活用もその一環と見てよい．これは，歴史的な価値が認められた建物の全体または一部を保存しつつ，そこに新しい機能を入れて使い続けようとするものでもある．それは過去との連続性を重視するということであり，景観への配慮でもあり，更地に新築することだけが建築のつくり方ではなく，既存の価値を尊重しつつそれを手がかりに環境形成することに価値を見出す，ということである．それはいずれも，従来の近代建築のやり方に限界が感じられはじめたことをうかがわせる例といえる．

たとえば，カルロ・スカルパ(Carlo Scarpa, 1906-78)は，イタリア・ヴェローナのカステル・ヴェッキオ(「古城」を意味する)で，中世の城の外観を保持しつつ，中を美術館に改装した(1964, 図8-6)．駅舎を美術館に改装したオルセー美術館(ガエ・アウレンティ Gae Aulenti, 1927-, 1986, 図8-7)では，駅舎という建物の特性を利用し，プラットフォームを覆っていた鉄骨ヴォールトを生かしつつその下にリニアな展示空間が展開されている．このような歴史的建造物の保存活用事例はヨーロッパだけではなく，アメリカや日本でも数多い．

図8-5　フランクフルト市立工芸美術館

図8-6　カステル・ヴェッキオ

図8-7　オルセー美術館

8.4 ポスト・モダニズム

(a) 『建築の多様性と対立性』

建築家のロバート・ヴェンチューリ(Robert Venturi, 1925-)が著した『建築の多様性と対立性』(1966)は，近代建築の美学を正面から批判した最初のものとして近代建築史上重要な文献である．

ヴェンチューリによれば，近代建築は「either-or(あれかこれか)の建築」である．たとえば，柱は支えるという機能しか果たしていないし，壁は囲うという機能しか果たしていない．しかし，たとえばレンガ造(組積造)の建物では，壁は支える機能と囲う機能をあわせ持っている．そのような複数の意味を持つ要素によってつくられた建築のほうが望ましい(美しい)と彼は主張したのである．つまり，近代建築は，それぞれの要素がひとつの意味しか持っていない「貧しい」建築で，それに代えて，あいまいさ(ambiguity)や多様な価値が併存する建築をよしとしたのである．彼にとっての好ましい建築は「both-and(あれでもあり，これでもある)の建築」だった．ヴェンチューリは，ミースの建築を近代建築の典型として批判し，ミースの"Less is more."(より少ないことはより豊かなことである)を皮肉って，"Less is a bore."(より少ないことは退屈なことだ)と述べた．彼は「母の家」(1963，図8-8)などの実作でも，近代建築に代わる美学を提唱した．この建物では，相称性が微妙に崩され(相称であるとともに，非相称でもある)，腰壁上部の胴蛇腹が，小さい建築なのにかなり上の方につけられている(小さくもあり大きくもある)など，あいまいさが意図的に組み込まれていた．

図8-8 母の家

ヴェンチューリが問題にしたのは、近代建築が前提にしてきた、建築の形は機能や技術(構造など)によってその正当性を保証されるという主張には実は根拠がない、ということでもあった。これは要するに、形の正当性は形以外の要因では説明できない(「形の自律性」の認識)ということで、それ以降、そのような「形の自律性」を意識した作品が提出されるようになった。その典型がアメリカの建築家のグループ「ニューヨーク・ファイヴ」で、たとえばその一人であるリチャード・マイヤー(Richard Meier)は、ダグラス邸(1973)で、壁を、空間を規定する要素として扱い、それを操作して建築の形を決める(つまり、機能で形が決まるのではない)というやり方を提案した。このようなやり方の背景には、当時隆盛した記号論の影響が見られる。それはモノ自体に固有の価値があるのではなく、モノ同士の「関係」からモノの価値が決められるという認識である。

(b) ポスト・モダニズムの史的意義

このような考え方の延長上に出てきたのがポスト・モダニズムである。まず、イギリス出身のチャールズ・ジェンクス(Charles Jencks, 1939-)が『ポスト・モダニズムの建築言語』(1977)を出版した。ジェンクスはここで近代建築にはもはや未来はないとし、新たな建築、つまりポスト・モダニズムへの転換を主張した。彼によれば、近代建築は、エリート主義で、大衆の好みを無視しており、建築家だけがよりよい社会を構築できるという社会的理想主義を信奉し、その形に普遍性があると主張したが、しょせん「機械」の美学に依存した「ひとつの形」にすぎず、伝統の重みを無視し、その一方で革新的な技術を盲目的に信頼するものだった。ジェンクスは、それに代えて「ラディカルな折衷主義」を提唱した。より具体的には、大衆にわかりやすい形を適用し、装飾も認め、伝統的なモチーフ、たとえばオーダーなどを伝統重視ということで積極的に適用すること、建築家は神ではあってはならず、一人の市民として環境形成に参加すべきこと、在来技術も活用することなどを求めた。

同様の見解は、パオロ・ポルトゲージ(Paolo Portoghesi, 1931-)『ポスト・モダン』(1982)でも示された。

1980年代にはポスト・モダニズムが先進国の建築界を席捲した。その典型的な手法はスーパーインポーズ(重ね合わせ)で、古典建築のオーダーや、チッペンデール様式(18世紀のイギリスの家具の様式)のような、西洋の伝統的なモチーフが重ね合わせて用いられた。たとえば、ポートランド・ビル(マイケル・グレイブズ Michael Graves, 1934-, 1982, 図8-9)は立方体に近いヴォリュームの4面に異なるデザインを配し、そこではリボンを模したような装飾(内部とは無関係)が配されている。そして下層部には大きな彫像がとりつけられていた。

8.4 ポスト・モダニズム

図8-9 ポートランド・ビル

AT&Tビル(1984, 図8-10)では，かつてミースから大きな影響を受けつつ，近代建築の典型といえるグラス・ハウス(1949)を設計したフィリップ・ジョンソン(Philip Johnson, 1906-2005)が，チッペンデールという，大衆になじみのモチーフを超高層ビルの頂部にあしらい，基部には新古典主義風の半円アーチと列柱を並べて，過去との連続性をテーマにした．

図8-10 AT&Tビル

ポスト・モダニズムは一時の流行に終わったが，「形の意味」を問題にしたこと，近代(主義)建築の教義や美学を相対化したことには，歴史的意義が認められる．近代建築は，外観は内部の機能をそのまま表現したものでなければならないとか，本当の構造や材料を正直に見せなければならないというように，「〜でなければならない」という建築だったが，ポスト・モダニズムの登場以降は，そのような原則への信頼が薄れ，「いい建築とは何か」があらためて問い直されることになったのである．

●演習問題

1. チームXの思想について説明しなさい．
2. ルイス・カーンの建築の特徴を具体例を挙げながら説明しなさい．
3. 歴史的建造物の保存活用の意義を述べなさい．
4. 『建築の多様性と対立性』に示されたロバート・ヴェンチューリの建築思想の意義について説明しなさい．
5. ポスト・モダニズムの歴史的意義を説明しなさい．

第9章
建築のあり方への関心

[概説]

　ポスト・モダニズムは短命に終わり，近代建築に代わるものではないことが1990年代には明らかになった．しかし，ポスト・モダニズムによって近代建築が相対化された意味は大きく，それが90年代の「建築」という概念の拡散という現象につながっていったと考えられる．この「建築という概念の拡散」とは，たとえば，それまで設計者にとって当然の前提とされていたビルディングタイプという考え方が疑問視されるようになったことを意味する．それは，図書館というものを考えたときに，閲覧室・事務室・書庫などからなる建物として理解されていたが，もっと自由な図書館のあり方，ほかの機能との複合，さらには街との関係を意識した図書館があってもいいのではないかというような，さまざまな可能性を持ったものとしてとらえ直そうというような動きである．これは「建築」と「都市」をまったく別々のものとしてとらえるのではなく，連続的につながったものとして認識し得るのではないかということから「建築」をとらえ直そうということでもあり，これも「建築」という概念の拡散の一例といえる．

　形に関しても，「作品」という言い方に象徴されるような，「オブジェ（芸術作品）としての建築」というあり方に対する批判が出され，建築家にとっては，美しい，印象的な形をつくりだすことが最大の目的ではなく，それぞれの状況に応じた建物の構成の仕方（あり方）のほうが重要だという見解も出されるようになった．たとえば，集合住宅団地を設計する際，高層の建物を並べるのは景観上，また，周囲の街並みとの関係上ふさわしくないので，住戸と共有通路の関係を重視した低層高密な構成にしたほうがいいというような，「建物のあり方」を追求することが最重要で，その構成を敷地の特性や，周囲の状況，法規への対応と組み合わせながら，現実の形を決めていくというやり方である．

　1989年にはじまった社会主義圏の崩壊にともなう世界経済の一体化，そして90年代に急速に進歩・普及したインターネットが，資本や情報の流れを劇的に変えることになった．いまや大量の資本が国境を越えて投資され，巨大な開発が盛んに行われるようになり，個人のパソコンで世界中の情報が

第9章 建築のあり方への関心

瞬時に得られるようになった．世界でどのような建築がつくられているのか，建築についてどのような考え方が提案されているのかについての情報が，多くの人々に共有される時代になったのである．そのような状況の中で，建築家にどのような可能性が残されているのかがより切実な問いになってきている．また，情報技術は設計のやり方をも変えつつある．この章では，そのような現代的状況について解説しながら，〈欧米近代〉編の結びとしている．

9.1　レム・コールハース

　オランダの建築家レム・コールハース（Rem Koolhaas, 1944年-）は，90年代以降の建築界に大きな影響を与えた建築家として注目される．彼は建築を問い直し，その独創的な発想によって建築の概念を拡大するのに寄与した．

　ニューヨークのマンハッタンを研究した成果をまとめた『錯乱のニューヨーク』(1978)で，彼は大都市の大衆と文化が建築や都市に与えた影響を考察し，マンハッタンに見られる「混雑の文化(culture of congestion)」を評価した．当時大都市を肯定的に語る建築家はほとんどいなかったが，コールハースはそこに現代文明に対応した新しい建築のあり方を見いだしたのである．彼は「囚われた地球としての都市」(1972，図9-1)というプロジェクトで，ニューヨークのようなグリッド状の道路からなる都市こそ現代文明に対応したものだとして評価した．このプロジェクトでは，道路によって隔てられた四角形の各区画にはそれぞれ同様の基壇が用意され，そのうえにさまざまな形の建物（イデオロギーを象徴）が建っている．これはさまざまなイデオロギー（思想のことだが，狂気や妄想，エゴイズムも含む）に同等の場を与え，ほかの区画に制約されずに発展できるようにするようなシステムが現代にはふさわしいという彼の考えを示すものである．このプロジェクトでは，そのようなさまざまなイデオロギーの自立的な活動が中央に位置する地球（「世界」を象徴）を育てているという認識が見られる．コールハースによれば，グリッド・システムは都市全体のコントロールを可能にするシステムで，変化は各区画の内部で起こるので全体のシステムには影響せず，各区画が異なる価値観を持つほど全体の統一性は強くなるという．また彼は，「建築」を独立した存在として考える必要はなく，「都市」と明確に区分すべきではないという．

　彼は「巨大さ(bigness)」を現代文明の特徴のひとつと見，スカイスクレーパー（超

図9-1　「囚われた地球としての都市」プロジェクト
(© Madelon Koolhaas-Vriesendorp)

高層建築)を現代文明の象徴として肯定的にとらえる．このような巨大建築物では，内部と外部の関係を表現することにはたいした意味はなく，内部では機能性を，外部では形態表現を重視して，それぞれ独立に設計されるべきだとし，そのような，内部と外部が緊密な関係を持たないという，建築のあり方を認めるのである．これは，内部のあり方が立面に示されるべきだという近代建築の考え方を相対化することでもあった．

このような，さまざまなイデオロギーやアクティビティ（活動）の併存を前提に計画するという彼の考えは，1982年のパリのラ・ヴィレット公園のコンペ案（図9-2）でも示された．

1992年に行われたフランス国立図書館のコンペで，コールハースは，建物を大きな1つの直方体と見，その内部全体を大きな書庫ととらえ，その書庫の中をくりぬくようなかたちで閲覧室や事務部門をとることを提案した（図9-3）．つまり，図書館に対する従来の考え方を転換し，書庫こそが図書館の中心だと主張したのである．また，設備関係のシャフトは等間隔のグリッドの交点に配した．ここに見られるのは，従来の図書館というビルディングタイプへの批判で，新たな図書館のあり方を模索するものだった．シアトル公共図書館（2004，図9-4）では，市民の憩いの場としても使える図書館を提案し，それをシアトルのダウンタウンの地形に特徴的な斜面を利用して，エントランスを複数階からとれるようにした．書庫は中央に位置し，それをとりまいて，螺旋状のひとつながりの斜路が配され

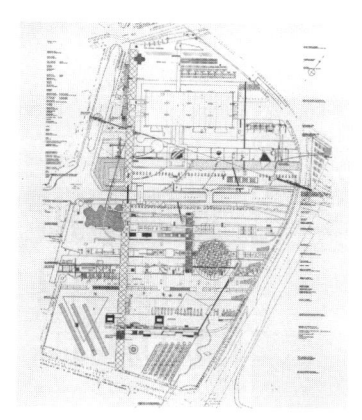

図9-2 ラ・ヴィレット公園コンペ応募案（© OMA）

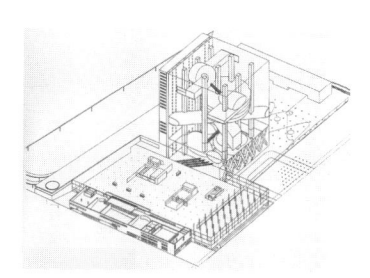

図9-3 フランス国立図書館コンペ応募案（© OMA）

図9-4 シアトル公共図書館

ている．

このように，コールハースは，従来の建築観を批判的に検証しつつ，現代文明に対応する建築をめざした．彼の建築には，つねにそのような批評的な要素が含まれてい

る．たとえば，「建築としてのベルリンの壁」(1993)という小論で，彼は，東西ベルリンを隔てていた165kmの壁（東西冷戦の象徴で，無用の存在と見なされていた）の両側で多様な活動が独立して行われていることに注目し，それ自体（この場合は壁）が無であることによってかえって多様な活動を誘発するという，新しい建築のあり方を見いだした．

このように，彼はひとことでいえば，「建築のあり方」自体を問い直そうとしたのである．

9.2　「建築」の概念の拡散と「構成」への関心

ポスト・モダニズム以降，かつて広く承認されていた，近代建築の規範の有効性が疑問視されるようになった．それは「建築」という概念そのものの見直しにつながった．

ポスト・モダニズムが問題にしたことのひとつは，機能や技術と形の関係だった．つまり，近代建築が主張したような，機能から形が導き出されるとか，新しい技術が新しい建築を約束するというような言い方が実はまやかしであることを明るみに出したのである．機能分析から形が決まらないのであれば，ビルディングタイプという概念の有効性も疑問視される．それは機能分析の集合体として認識されていたからである．たとえば，「学校」は教室と事務部門，リクレーション施設，およびそれらをサポートする設備の集合として分析・計画されてきたが，それは「学校」のあり方として唯一のものなのかという疑問である．「学校」にはどのようなあり方があり得るのか，それは地域とどのような関係を持てばよいのかなどについて，見直す可能性があることが認識されはじめた．そのほかにも，公共建築は，ほかの建築とは違う，善なるものとして，目立つモニュメントとして計画されてきたが，そもそも公共サービスとは何なのか，それはひとつの大きな建物にまとまっている必要があるのか，むしろ場合によっては，地域の中に目立たないかたちで配されたほうがいいのではないか，というようなことも議論されはじめた．

また，「形」自体についても批判的な目が向けられはじめた．素人目にも建築家が設計したとわかるような，独創的な形をつくりだすことにはたして本当に意味があるのかが疑われるようになった．印象的で，美しい形をつくりだすことは，建築の最重要の目的ではないという批判である．それは建築家の自己満足にすぎず，「形」にはもっと多様なあり方があっていいのではないかということである．建築家の「作品」であることよりも，もっと違う建築のあり方があるのではないかということが問われるようになった．「形」（つまり「オブジェとしての建築」）ではなく，要素の「関係」や「構成」が重要であることが意識されるようになってきたのである．

90年代におこったことは，このような，建築についての，批判的な再検証である．かつての近代建築の教義を信じることはできなくなったが，かといってそれに代わる新たな建築が用意されているわけではない．

一方で，コンピューターを活用したグラフィックスや構造解析技術の進歩によって，従来つくれなかったような自由曲面の建築や，よりスレンダーな建築が可能になるなど，形のヴォキャブラリーは多様化してきた．そのようななかで，建築のあり方はどうあるべきかという問いがより切実なテーマとして浮かび上がってきたのである．

こうして「建築」の概念は拡散し，デザインという行為そのものも問われはじめた．それは，才能ある建築家の頭の中にあるものではなく，むしろ設計条件の中からどのような可能性を見つけられるか，設計の過程で遭遇するさまざまな潜在的な可能性に気づいて，それをどれだけ深めることができるかが重要だという認識が広まってきたということで，「形」という結果よりも，それにいたるプロセスの方がより重要だということでもある．

このようなやり方のヴァリエーションとして，たとえば，自分が想定したイメージから建築の設計をはじめるということも試みられた．それは機能を分析してそれに対応する形を考えるというようなつくり方が必ずしも有効ではないことを意識しつつ，まったく異なるスタートラインから，つまりこの場合は，自分が発見した形の中に機能や技術との対応の可能性を探りながら設計するというものである．静的で安定した体系として語られてきた従来の哲学を，破壊しながら常に生成されていくダイナミックな営みとして見るべきことを提唱した哲学者ジャック・デリダ（Jacques Derrida, 1930-2004）のデコンストラクション（脱構築）的な考え方と，曲面や不整形を重視す

図9-5　ベルリン・ユダヤ博物館

る美学に支えられたもので，フランク・ゲーリー（Frank Owen Gehry, 1929-）のビルバオ・グッゲンハイム美術館（1998）や，ダニエル・リベスキンド（Daniel Libeskind, 1946-）のベルリン・ユダヤ博物館（1998, 図9-5），ザハ・ハディド（Zaha Hadid, 1950-）のストラスブルグの駐車場（2003）などはその例といえよう．

近年では，そのような形の手がかりのひとつとして「環境」が重要なキーワードになっている．まだデザインの面でひとつの潮流と見なせるレベルには至っていないが，「サステイナブル・アーキテクチャー」などのテーマからスタートしてユニークな建築に至る可能性は十分あると考えられる．

このような状況とともに，画像情報処理技術の革新が巨大化したプロジェクトの設計のやり方をも変えつつある．それはBIM（Building Information Modeling）などに代表されるもので，大規模プロジェクトの平面図や構造図，設備図などの情報を一元管理し，更新される情報を各部門の担当者がリアルタイムで共有しながら効率的に設計できるようにするもので，設計期間が短くできる．それはコールハースが提唱するような設計方法とは異なり，設計開始時に多

くの条件やデザインをあらかじめ決めておく必要が，つまり初期条件をかなり精密に設定する必要があるので，「結果」をオープンなままにしてさまざまなアイデアの可能性を検討できるような設計を認める余地はない．これはいわば「ビジネスとしての建築の世界」が拡大しつつあることを示す事象ともいえ，大規模プロジェクトを効率よくこなす手法のひとつとして，これからますます浸透していくことが予想される．このような状況が示唆するのは，「設計」という行為が多様化することで，コールハースのようなユニークなコンセプトやアイデアの提案をめざすものと，システィマティックかつ効率重視の「ビジネスとしての建築」に2極分化していく可能性があるということである．

9.3 「have-toの建築」から「can-beの建築」へ

　戦後の近代建築の流れをひとことで表現するならば，「have-toの建築」から「can-beの建築」といえるだろう．

　「have-toの建築」とは，いわば「～でなければならない建築」ということで，近代建築を意味する．たとえば，立面は機能や構造に対応していなければならないとか，最新の構造技術を取り入れて設計しなければならないというようなことである．それに対して「can-beの建築」とは「～でもありうる建築」ということで，建築がより多様なあり方をとりうることを示唆する．90年代に起こったことはその「can-beの建築」への転換で，それまで当然と思われていたことを批判的に検証しつつ，建築の多様なあり方をさぐるという動きである．

　近年，環境と建築の関係がデザイン上の重要なテーマになっている．新たな「有機的建築」ともいえる動きである．しかし，それはかつてサリヴァンやライトが提唱したような神秘的なものではなく，アアルトのような有機的な形をもつとは限らず，緻密な解析をもとにした環境工学技術に支えられたもので，そのデザインは上記の「can-beの建築」の流れの中で理解できるものである．

　現代の状況がどう未来の建築につながっていくのかは誰にもわからない．かつての近代建築への全面的信頼は消え，いい建築とは何かについての新たな模索がはじまっている．「建築」という概念の拡散という状況を前提に，これまで当然とされてきたさまざまな考え方を相対化し検証し直しながら，かといって限りない相対主義に陥るのでもなく，新たな可能性を探る試みがいま行われているといえるだろう．

● 演習問題

1. レム・コールハースの「囚われた地球としての都市」プロジェクトの特徴を説明しなさい．
2. レム・コールハースの建築思想について，パリのフランス国立図書館コンペ案を例に説明しなさい．
3. 1990年代から見られるようになった，「建築の概念の拡散」という現象の背景やその特徴を述べなさい．

第2部　近代建築史
日本編

第10章
富国強兵・殖産興業

[概説]

　西洋の近代建築史の記述は，産業革命や啓蒙思想の台頭などを契機に，モノのつくりかたや社会のあり方が大きく変わったことを重視して，18世紀後半からはじめることが多いが，日本の近代建築史を語る場合，同時期にそのような変革があったわけではないので，そのはじまりを，幕末の開国（1854）の頃に設定するのが一般的である．17世紀前半から行われていた鎖国の間にも，海外の情報がいろいろなかたちで日本に入ってきてはいたが，城郭建築を変えた鉄砲をのぞけば，それまでの日本の建築には，ヨーロッパの影響はきわめて限定的だった．しかし開国にともなって，欧米の圧力によってだけではなく，日本側の意識の高まりもあって，急速に近代化が進められることになった．日本の場合，「近代化」は事実上「西洋化」であり，それに対する反発もそのなかに含まれる．日本も国民国家の仲間入りを目ざすことになったのである．

　それにともなって，それまでの日本になかったビルディングタイプ，たとえば官庁や，駅，ホテル，大学，軍施設，工場，灯台などがつくられるようになった．それらはおもに国主導のものだったが，民間レベルでも，洋風住宅やオフィスなどがつくられはじめた．そのような建物は欧米のデザインや技術を使って建てられたので，洋風建築という，新しいタイプの建築が登場することになった．その建設に必要なレンガなどの資材を国内生産する試みもはじまった．その一方で，そのような洋風建築のデザインに触発された大工の中には，洋風のモチーフをとり入れた建築をつくる者もあらわれた．

　近代化を速やかに進めるために，日本人技術者の養成も図られた．工部大学校がその代表的なもので，その最初期の教師は外国人だった．

　この章では，幕末から明治初期にかけての西洋建築の導入，それがもっとも顕著なかたちで現れた外国人居留地やそこにつくられた建物，洋風の街並みをめざした銀座レンガ街計画，そして，本格的な西洋建築を導入するとともに，そのような建築を設計できる日本人建築家養成のために，日本政府がイギリスから招いたジョサイア・コンドルについて紹介する．

10.1 西洋建築の導入

(a) 開国

1639(寛永16)年から200年以上続いた鎖国政策が1854(安政元)年の日米和親条約調印で終わった．当時は，イギリス・フランスをはじめとする列強が東アジアでの利権を求めて進出していた時代であり，蒸気機関や，スクリュー推進の鉄造船の登場などの技術革新を背景に，定期航路の設置など，海運業が整備されはじめた時代でもあった．

開国は，列強によって構築されつつあった，このような帝国主義体制に組み込まれることであり，その中で独立を維持するためには富国強兵が緊急の課題になった．徳川幕府の崩壊と明治新政府の樹立(1868)という混乱した政治状況のなかで，急速な近代化が政府主導で進められることになった．新政府は幕府が着手した工場や鉱山の経営を引き継いで再編しつつ官営事業とし，さらに洋風建築をつくるために必要なレンガやセメント，板ガラスを国内生産することをめざして，また，当時の最重要の輸出品だった生糸の生産拡大のために，官営工場を整備した．国防のための武器を製造する砲兵工廠も，官営で東京や大阪につくられた．

(b) お雇い外国人による西洋建築技術の導入

それらの事業に必要な技術や機器・資材は当時の日本にはなかったので，欧米の技術者を雇って指導を仰ぐとともに，日本人技術者を養成するための近代的な教育制度や学校の整備も図られた．それらの教師も最初は外国人だった．彼らを総称して「お雇い外国人」という．

このお雇い外国人によって，日本に洋風建築が建てられはじめた．

まず幕末に，幕府が長崎にオランダの技術を導入して，また，フランスの技術を導入して横須賀に，それぞれ製鉄所(実態は造船所)の建設に着手した．長崎のものは1861(文久元)年に，横須賀のものは1871(明治4)年に竣工した．それらの建設には建設資材としてレンガが必要だったため，長崎ではオランダ人が瓦屋を指導してレンガ製造を行った．横須賀のものは大規模で，フランスからレオンス・ヴェルニー(François Leonce Verny, 1837-1908)を技師長とする100人以上の技術者が家族とともに来日して，木骨レンガ造でフランス流の工場や関連施設を建設した(図10-1)．ここでは，工場のような主要な施設は，中の機械設備だけではなく建物も完全なフランス式だった．それに対して，フランス人の住まいや病院など，生活関連施設は和洋折衷でつく

図10-1　横須賀製鉄所

られた．いずれもフランス人技術者がメートル法にもとづいて設計したものを日本の大工が尺寸に換算して建設した．

明治初期に群馬の富岡に製糸場(1872, 図10-2)がつくられたが，横須賀のフランス人技術者の1人オーギュスト・バスチャン(Edmond Auguste Bastien, 1839-88)が赴いて，その建設にあたった．

洋式灯台(図10-3)も，最初の4基はフランス人技術者フェリックス・フロラン(Louis Felix Florent, 1830-1900)が横須賀製鉄所で焼いたレンガを用いて設計・建設した．1866(慶応2)年の改税約書で列強が幕府に灯台設置を要求したことにうかがえるように，列強，とりわけイギリスは日本における灯台建設を重視していた．それはイギリスとフランスが香港・上海から神戸・横浜への定期航路をそれぞれ1863(文久3)年，1865(慶応元)年に開設しており，その安全航行が彼らにとって重要だったからである．灯台建設はフランス主導ではじまったが，その位置選定が貿易による利益を守ることに直結するため，イギリスが公使ハリー・パークス(Harry Smith Parkes, 1828-85)を中心に積極外交を展開した．彼は，1867(慶応3)年に幕府にイギリスによる灯台建設を認めさせ，明治新政府もその方針を受け継いだことから，灯台建設はイギリス主導で行われることになった．その業務はエディンバラの灯台技術者スティブンソン兄弟(David Stevenson, 1815-86, Thomas Stevenson, 1818-87)に委託され，彼らの推薦でリチャード・ヘンリー・ブラントン(Richard Henry Brunton, 1841-1901)ら数人の技術者が来日して，1877(明治10)年までに30基の灯台(木造仮灯台や灯台船を含む)を建設した．当時は，人や物資の運搬に船の安全航行が最も重要だったため，明治新政府も灯台建設に積極的だった．富国強兵のために1870(明治3)年に設置した工部省の10の寮の中に，鉄道や土木・造船・電信などと並んで，灯台寮(のち灯台局)が設置されたことにそれがうかがえる．1870年から78年までの工部省予算のうち毎年20％から45％が灯台建設費にあてられていることからも，政府が灯台建設を重視してい

図10-2　富岡製糸場

図10-3　角島灯台

第10章 富国強兵・殖産興業

たことがわかる．なお，ブラントンは都市整備などの仕事もできることを想定して選ばれた土木技術者で，横浜居留地の水道施設なども担当した．

他にお雇い外国人が設計した建物として，新橋と横浜の停車場（ブリジェンス Richard P. Bridgens, 1819-91, 1872, 図10-4），造幣寮（ウォートルス Thomas Jamus Waters, 1842-98, 1871, 図10-5），遊就館（カッペレッティ Giovanni Vincenzo Cappetti, 1843-87, 1881），工部大学校（ド・ボアンヴィル Charles Alfred Chastel de Boinville, 1877, 図10-6）などがある．

北海道には，アメリカの技術が導入された．新政府は1869（明治2）年に開拓使を設けて北海道の開拓に乗り出した．その際，アメリカ流の大規模農法を採用し，機械製材から鉄道まで，マサチューセッツ農科大学から招いた技術者の指導を受けた．その関係で，農場などにアメリカのバルーン・フレームを用いた木造建築が建設された．札幌農学校演武場（現札幌市時計台，安達喜幸，国重文，1878, 図10-7）はその現存例である．

図10-6　工部大学校講堂

図10-4　新橋停車場

図10-5　造幣寮

図10-7　札幌農学校演武場

10.2 居留地

(a) 居留地の建築

居留地は安政条約(1858)にもとづいて開港場に指定された地域のことで,開港当初はそこに限って外国人の居住が認められた.神奈川(横浜)・長崎・箱館(函館)がまず居留地に指定され,続いて江戸(東京)・兵庫(神戸)・川口(大阪)に設けられた.そこでは外国人に永代借地権が認められていた.居留地では,日本側の負担で街区・道路・街灯・下水などの整備が行われ,日本ではじめての洋風の街区が出現した.その街区には和風の建物だけではなく,洋風の建物も多数建てられた.神戸居留地のウォルシュ・ホール商会(1872)のような本格的なものもあったが,多くは和洋折衷の建物だった.グラバー邸(国重文,1863,図10-8),神戸居留地15番館(国重文,1880,図10-9)などはその現存例である.

(b) 擬洋風建築

居留地に建ち並んだ洋風建築は日本人の興味を惹き,錦絵などに描かれただけではなく,そのモチーフをとりこんだ建物が日本人大工によって日本各地につくられはじめた.「擬洋風建築」と呼ばれる,このような建物は官庁建築から民間の建築にまで及んだ.その代表的なものに,第一国立銀行(二代清水喜助,1783-1859,1872,図10-10),開智学校(立石清重,1829-94,1876,図10-11),済生館(筒井明俊,1879)などがある.また林忠恕(1835-93)は,大蔵省(1872,図10-12)や駅逓寮(1874)などの官庁建築で,瓦屋根に漆喰塗り,出隅に擬石塗りをあしらった,簡便な洋風建築をつくりだした.擬洋風建築は和洋折衷だが,大工にとって興味があったのは洋風のモチー

図10-8 グラバー邸

図10-9 神戸居留地15番館

図10-10 第一国立銀行

フであり，在来の大工技術を用いて新しい建築をつくろうとしたのである．それは，民間レベルでの近代化の例といえる．

居留地は西洋文化を日本人に示すショーウィンドウの役割を担った．外国人用の住宅や，灯台看守の官舎などは洋式だったので，テーブルや椅子を用いる洋式の生活様式も持ち込まれることになった．それは日本人の住宅にもとり込まれ，「和」と「洋」をどのように位置づけるかが新たな課題になった．

図10-11　開智学校

図10-12　大蔵省

10.3 銀座レンガ街計画

(a) 条約改正問題

1871（明治4）年に銀座で大火があり，その主要部の建物が失われた．それが横浜からの鉄道の終点になる新橋停車場（1872）建設地の近くだったこともあって，新政府はその復興を洋風の町並みをつくる好機ととらえ，お雇い外国人ウォートルスに依頼して，歩道付きの広い直線道路の両側にレンガ造の洋風建築が並ぶ「レンガ街」を建設した（**図10-13**）．当時の政府にとっては不平等条約改正が外交の最重要課題のひとつで，その実現のためにも日本が欧米並みの文明国であることを示す必要があると考えられた．この不平等条約とは，日米修好通商条約（1858）など，幕府が列強との間に結んだ一連の条約をさす．それらの条約は，関税自主権や違法外国人に対する裁判権がないことなど，日本側に不利な条約だった．それは欧米諸国が日本の市場を資本主義体制に組み込むために強制したものだが，力関係に圧倒的な差があったため，日本側は受け入れざるを得なかった．しかし，それを放置していては日本の発展は望めないため，その不平等条約の改正，つまり欧米と対等な外交ができるようにすることが明治政府の悲願になったのである．

(b) 洋風建築の必要性

銀座レンガ街はそのような政治的な意図を背景に，急ごしらえで整えられた洋風街並みだった．しかし，湿気がこもるなど，日本の気候に適合しない点も重なり，住民には不評で，このような町並みが新たにつくられることはなかった．このまちづくり

は，その後の日本の街づくりに影響を与えることはなかったが，条約改正問題に対する当時の日本政府の考え方を象徴する最初期の建築的事例という点に歴史的意義が認められる．この政治課題に対応するための計画はその後もくり返し見られる．鹿鳴館（コンドル，1883，図10-14）の建設や明治中期の官庁集中計画(後述)はその代表的な例である．いずれも，欧米と同様の町並みを持つ「文明国」であることを示すことが，対等の外交関係を築くために有効と考えられていたということである．

図10-13　銀座レンガ街

図10-14　鹿鳴館

10.4　工部大学校とコンドル

(a)　工部大学校の設立

洋風の町並みや建築を建設するためには，ヨーロッパの建築のやり方に熟達した建築家が必要になった．それも外国人にばかり頼るのではなく，将来のことを考えれば，日本人建築家を育てることが必要と考えられた．そのために，政府は日本人技術者養成のために1873(明治6)年に創立した工部大学校（6年制，図10-15）に，機械・電信・化学・冶金・鉱山・土木学科とともに，造家学科(後の東大建築学科)を設けた．その教師は，日本にいた外国人技術者で，イタリア人のジョヴァンニ・カッペレッティ（Giovanni Vincenzo Cappelletti）やイギリス人のチャールズ・ド・ボアンヴィルが担当したが，彼らは，母国で正規の建築教育を受けていなかったこともあって，満足な指導ができなかった．そのため工部大学校はイギリスから新たに教師を招聘することにし，選ばれたのがジョサイア・コンドル（Josiah Conder, 1852-1920)である．

図10-15　工部大学校

(b) ジョサイア・コンドル

コンドルは1877(明治10)年に来日し，学生の指導にあたるとともに，政府のための建物の設計や建設指導を行った．彼はサウス・ケンジントン美術学校で建築を学び，1876年にソーン賞を得ていた．つまり正規の建築教育を受けていただけではなく，設計能力も評価されていたのである．彼の教育方針は堅実で，基礎工事を重視するなど，建築の基本をきちんと守るものだった．そのデザインは歴史主義で，ネオ・ゴシックから和風モチーフをとり入れたものまである．彼の人柄を反映し，穏やかで格調の高いものだったが，日本政府が求めたのは国家の威信を表現するモニュメンタルな建築で，実は彼の志向とは異なっていた．

コンドルは日本美術の愛好者で，1884(明治17)年に工部大学校を辞めた後も日本にとどまり，設計事務所を開設して建築家として活動を続けた．代表作に上野博物館(1881，図10-16)や鹿鳴館(1883，図10-14)，三菱一号館(1894，図10-17)，三井倶楽部(1913)などがある．

図10-16　上野博物館

図10-17　三菱一号館

● 演習問題

1. 開国直後の日本で建設されはじめた洋風の施設を列記しなさい．
2. 北海道に導入された洋風技術の特徴を述べなさい．
3. お雇い外国人の役割について説明しなさい．
4. 銀座レンガ街について説明しなさい．
5. 擬洋風建築について説明しなさい．
6. 工部大学校設立の目的を記しなさい．
7. ジョサイア・コンドルの日本における業績について略述しなさい．

第11章
歴史主義の展開と近代技術の導入

[概説]

　本章に示される諸テーマの背景には不平等条約の改正問題がある．前章で述べたように，開国にあたって幕末に列強と結んだ条約は不平等なもので，その改正は明治政府にとって最重要の外交課題になった．そもそもそのような不平等なものが締結されたのは，強大な武力を背景にした列強が多大な利益を得るためであり，日本側が改正を要望しても，簡単に応じてもらえる状況にはなかった．

　それを打開するために，明治政府は，富国強兵を図るとともに，日本が欧米と同様の「文明国」であることを示すのが重要と考えられた．洋風の建築を導入するのに熱心だったのはそのためであり，都市も近代化する必要があったのである．

　ここでは，まず，コンドルの最初の弟子たちの作品や活動を紹介する．当時の欧米は歴史主義全盛期だったので，彼らもそれに則った洋風建築をつくった．日本人による洋風建築の建設という目標を達成するために，建築家の教育制度も整備された．高等教育機関として工部大学校が，工部大学校卒業生をサポートする技術者養成のために工手学校がつくられた．明治末から昭和初期にかけては，高等工業学校や私立の大学に建築学科が設置され，より多くの人材を供給できるようになった．

　また洋風建築をつくるためには，鉄やセメント，板ガラスなど，それまで日本になかった材料を大量に国内生産できるようにすることが必須の課題だった．西洋から技術導入しながら，その国産化が積極的に試みられた．明治後半には鉄筋コンクリート造の導入がはじまり，しだいに普及していくことになったが，そのような技術史的な流れについてもここで語られる．

　都市の近代化も政府にとっては重要だった．洋風の町並みを整備することは列強へのアピールとしての意味があっただけではなく，新しい交通体系（この場合は電車など）をとり入れるために，道路の拡幅やその勾配の調整が必須だったからである．その例として，ここでは，東京の改造計画に注目し，明治中期にドイツの建築家に委嘱して，欧米と同等の壮大な街区を目ざした官庁街集中計画と，明治中期から大正中期にかけて実施された市区改正について述べる．

大正中期になると，東京の改造だけではなく，都市についてのより普遍的な枠組みが整備され，建築物についての規則が定められた．それが「都市計画法」と「市街地建築物法」で，これらにより，統一的な基準にもとづいて都市整備が進められることになった．

11.1 コンドルの弟子たち

(a) 最初の日本人建築家

1879(明治12)年に工部大学校造家学科でコンドルの指導を受けた最初の日本人学生が卒業し，日本人建築家が誕生することになった．第1期生は辰野金吾(1854-1919)，片山東熊(1853-1917)，曾禰達蔵(1852-1937)，佐立七次郎(1856-1922)の4人だった．そのうち最優秀で卒業した辰野は3年間のイギリス留学の後，1884(明治17)年にコンドルに代わって工部大学校教授(1886年の帝国大学発足にともなって同大教授)になった．つまり，お雇い外国人に頼るのではなく，日本人による日本人建築家の養成がここにはじまったということである．辰野は教育のかたわら，設計も行った．日本銀行本店(1896，図11-1)はその代表作である．1902(明治35)年に彼は大学を辞し，翌年に設計事務所を開設した．当時の代表作に東京駅(1915)などがある．片山は宮内省に入って，宮廷建築を担当した．代表作に京都帝室博物館(国重文，1895，図11-2)，表慶館(国重文，1908)，東宮御所(現迎賓館，国宝，1909，図11-3)などがある．曾禰は工部大学校助教授としてコンドルを補佐したのち，コンドルが担当した三菱合資会社のビルの設計を引き継ぎ，1908(明治41)年には後輩の中條精一郎(1868-1936)とともに，曾禰中條建築事務所を開いた．この事務所は戦前の日本を代表する設計事務所になった．左立は水準原点標庫(1891)や日本郵船小樽支店(国重文，1906)などを設計した．

コンドルや辰野の弟子たちのデザインは歴史主義であり，当時のヨーロッパやアメリカで行われていたやり方に倣っていた．それは条約改正を最大の外交課題とする政府が望んだものでもあった．

(b) 建築教育体制の整備

建築技術者養成は，帝国大学だけが担ったわけではなかった．帝国大学出身の技術者を補佐する「工手」の養成を目的に，同大学の教授らによって工手学校(工学院大学の前身)が1888(明治21)年に設立された．これは夜学で，建築技術者の速成をめざしたものだった．1889(明治22)年創立の東京美術学校(現東京藝術大学美術学部)でも建築科を設ける計画があったが実現せず，日

図11-1　日本銀行本店

図11-2　京都帝室博物館

図11-3　東宮御所

本画や彫刻専攻の学生に図案や建築装飾を教える方式がとられた．それが1897(明治30)年に図案科になり，1914(大正3)年に図案科が2つの部に分かれ，第二部で建築教育が行われていたのが，1923(大正12)年から建築科になった．中堅技術者を養成する高等工業学校にも建築科が設けられはじめた．その最初は名古屋高等工業学校(現名古屋工業大学)で，1905(明治38)年に建築科が設置された．続いて東京高等工業学校(現東京工業大学)建築科が1907(明治40)年から学生募集をはじめた．高等工業学校は大正末期から昭和初期にかけて技術者増員のため，日本各地に設置され，そこにも建築科が設けられた．

大学レベルでは，官立のものとして，1920(大正9)年に京都帝国大学に建築学科が新設された．そして1929(昭和4)年に高等工業学校から昇格した東京工業大学には，その前身と同様に，建築学科が設けられていた．

私立大学では早稲田大学の建築学科が最初で，1909(明治42)年に開設された．主任教授の佐藤功一(1878-1941)の方針で，建築家養成を重視し，デザイン教育に力を入れた．1920(大正9)年には日本大学の付属として高等工校が設けられ，そこに建築科が設けられた．1928(昭和3)年には工学部が発足し，そこで佐野利器(1880-1956)を中心に，エンジニアリング重視の建築教育がはじめられた．

こうして，敗戦間際の設置を含めると，戦前では，5つの大学，9つの高等工業(私立を含む)，そして工手学校(当時の名称は工学院)を中心に，建築家・建築技術者の養成が行われていたのである．

11.2 鉄・セメント・コンクリート・板ガラス

(a) 鉄

洋風建築を支える新材料である，鉄やセメント，板ガラスは，幕末に西洋から入ってきた．これらは近代化に深く関わる材料だったので，政府は早くからその国産化をめざした．

鉄自体は新しい材料ではなかったが，江戸時代までのたたら製鉄は砂鉄を原料とするもので，大量生産は不可能だった．とても建築の構造材として使えるようなものではなかったのである．幕末には，武器製造のためヨーロッパの製鉄技術を導入し，反射炉などを建設する動きが諸藩ではじまった．1874(明治7)年に新政府は釜石鉱山を官営にして銑鉄の国産化を図ったが成功せず，鉄製品の生産に必要な銑鉄は外国からの輸入に頼っていた．1890年代に海軍で検討がはじまった製鋼所設立計画が官営工場として実現したのが八幡の官営製鉄所(鋼鉄を生産する施設で，ドイツから技術輸入)である．その創業は1901(明治34)年で，原料には中国湖北省の鉄鉱石を用いた．その主な需要は軍備と鉄道だった．

このような生産状況だったので，明治時代には鉄骨造の建物はまだあまり多くないが，外国から鋳鉄柱などを輸入して建設した例はある．まず，鉄道関係施設では，鉄道寮新橋工場・機械館(1889，博物館明治村に移築，図11-4)がその一例で，イギリスから部材を輸入して組み立てたものである．また造船技師・若山鉉吉(1856-99)は，フランス製の部材を用いて秀英社工場(1895，図11-5)を建設した．これらは材料からその組み立て方まで一括して輸入するという，プラント輸入のかたちをとったものだった．この建物では，鋼鉄製の円筒柱と組み立て梁を用いて13.7m×12.8mのスパンを無柱で構成している．そのほかに，工場建築では，八幡製鉄所内に鉄骨造の工場が多数建設されたし，レンガ造紡績工場の小屋組に用いられた鉄骨にも輸入品が見られた．

一般の建物で主構造に鉄骨を用いた最初のものは三井合名社(横河工務所設計，1902)といわれる．これは鉄骨レンガ造で，

図11-4 鉄道寮新橋工場・機械館

図11-5 秀英社工場

その鉄骨はアメリカ製だった．1909（明治42）年には相撲常設館（辰野葛西建築事務所設計，図11-6）が完成した．これは直径約60m，高さが約30mのドーム状の建物で，32本の鉄骨のルーフ・トラスで覆われた内部は無柱で，屋根頂部にトップライトを持つ大建築だった．そして鋳鉄製の観客席が外周に沿って設置された．使用した鉄材は508トンに及んだ．

図11-6　相撲常設館

架構全体を鉄骨造にした最初期の例として，丸善本店（1909，図11-7）も知られる．設計は佐野利器（1880-1956）で，カーテン・ウォールはレンガだった．ちなみに，相撲常設館は1917（大正6）年に，丸善は1923（大正12）年の関東地震で，火災に遭っている．

(b)　板ガラス

セメントに比べ，板ガラスの製造は，明治初期から東京や大阪で試みられたものの，なかなか成功しなかった．品川の興業社（1873）を引き継いだ工部省品川硝子製造所（1876）も板ガラスの生産をあきらめ，ガラス製食器類を生産するにとどまったほどだった．ようやく国産にこぎつけたのは三菱系の旭硝子で，手吹き法による板ガラス生産を1909（明治42）年に開始した．アメリカから機械吹き円筒法による特許を購入した直後に第一次大戦で需要が急増した．それに後押しされて技術導入が続き，板ガラス生産が本格化し，それにともなって大正後期には板ガラスの価格が下がってさらに普及をうながした．

(c)　セメント

セメントに関しては，大蔵省土木寮摂綿

図11-7　丸善本店

篤製造所（のちの工部省深川分局）でセメント製造に着手し，1875（明治8）年に成功した．その工場を1883（明治16）年に浅野総一郎（1848-1930）が借り受けて浅野セメントを創業した．また，山口県の小野田で笠井順八（1835-1919）がセメント製造会社（後の小野田セメント，1881）を創立した．当時セメントは竪窯による製造だったが，1903（明治36）年に回転釜が輸入されて生産性が向上し，大正期以降は品質に改良が加えられて強度も上がり，生産量も飛躍的に増大した．当初セメントの統一規格はなく，官庁によって仕様が異なっていたが，輸出の

(d) 鉄筋コンクリート造

　耐火性があり，耐震性にも優れる構造として，やがて鉄筋コンクリート造が注目されるようになった．日本最初の鉄筋コンクリート造建物は，佐世保の海軍鎮守府の第一烹炊所(にたき)と潜水器具格納庫(いずれも1905)といわれている．設計者は海軍土木技師の真島(ましま)健三郎(1873-1941)である．鉄筋コンクリート造は19世紀後半にヨーロッパで開発がはじまった新しい技術だが，日本の建築文献には1890年代からその紹介が見られる．最初はその耐火性が注目されたようだが，次第にその耐震性に関心が集まるようになり，明治末から，三井物産横浜支店(遠藤於菟(おと)・酒井祐之助，1911，**図11-8**)や東京高等商業学校三井ホール(遠藤於菟・阿部美樹志(みきし)，1915)など，鉄筋コンクリート造の建物が建てられはじめた．しかし，まだ発展途上の技術で，鉄筋はアメリカからの輸入であり，構造計算をトラスコンなどのアメリカの会社が代行することもあったらしい．当時の日本には，その構造性能を研究するための大型実験設備すらなかったのである．

　市街地建築物法施行細則(1920)で算定式

図11-8　三井物産横浜支店

が提示されるなど，1920年代には鉄筋コンクリートの普及のための対応がはじまった．そして1923(大正12)年に起こった関東地震による被害をきっかけに，鉄筋コンクリート造の規準の整備が急速に進められた．

　日本の鉄筋コンクリート造導入に見られる大きな特徴は，導入期にすでに普及のための取り組みが見られたことである．この時期に，仕様の制定や，より簡便な構造計算法として図式解法が提案されていることは，欧米でもまだ発展途上だったこの新技術が，日本にふさわしいものとして大きな期待が寄せられていたことをうかがわせる．

11.3 近代都市への改造

(a) 市区改正

近代化の過程で，都市を西洋風につくりかえることが必要と考えられた．それは条約改正のために欧化政策がとられたことが関係している．また，市電などの近代交通機関を導入するためにも，道路の拡幅や勾配をならすことは重要だった．先に示したように，神戸や横浜の居留地など，幕末に西洋風の街路が建設されたところはあり，東京にも銀座レンガ街がつくられていた．しかし，それらはあくまでも例外で，当時の日本には「都市計画」という概念はなかった．つまり，都市の将来の発展に備えた計画が必要だという発想がまだなかったのである．当時の都市改造の構想は個別的で，政治的な意図にもとづいたものだった．

首都（当時のいい方では帝都）東京を近代都市に改造するために行われたのが市区改正事業である．1879（明治12）年の日本橋地区の大火などを契機に，不燃化の必要が叫ばれていたが，東京改造の計画が具体化したのは内務官僚の芳川顕正(1842-1920)が東京府知事を兼務してからで，1884（明治17）年に，東京築港や道路・鉄道などの整備，公園や市場などの設置などを盛り込んだ「市区改正意見書」がまとめられた．この計画は，政府が条約改正の一助にするために日比谷に官庁街を集中する計画（後述）を優先する方針を打ち出したことから，一時保留になったが，1888（明治21）年に東京市区改正条例が閣議決定されたのを受けて，実施に向けて動き出した．この事業は内務省主導で行われ，道路の新設や拡幅，上水道の整備などが実施された．途中，日清戦争(1894-95)などがあって，事業は当初の予定通りには進まず，1903（明治36）に計画を縮小して「速成計画」に切り替えて竣工した．その進行にともなって東京が変化していく様子は，田山花袋(かたい)『東京の三十年』(1917)などに記されている．

(b) 官庁集中計画

条約改正は新政府にとっての重要な懸案だったが，それを進めるための方策のひとつとして欧化政策が打ち出された．その具体策のひとつとして，東京の中心部に官庁街を整備する計画が政府主導で検討された．1881（明治24）年に国会（帝国議会）を開設することが約束されており，あわせて憲法制定が急務になっていた．伊藤博文(1841-1909)を中心にドイツの立憲民主制をモデルにするという方針が出されていたこともあって，帝国議会議事堂を含む官庁街整備計画はドイツのエンデ&ベックマン（Hermann Gustav Louis Ende & Wilhelm Böckmann）事務所に依頼された．この計画を主導したのは井上馨(1836-1915)で，1881（明治14）年から外務卿(1885年末の内閣制施行にともない外務大臣)として条約改正をめざし，積極的に欧化政策を推進していた．鹿鳴館の建設(コンドル，1883，図10-14)もその一環である．官庁集中計画のための部局創設を上申したのが受け入れられて，1886（明治19）年に臨時建築局が設けられ，井上は

その総裁を兼務した．エンデ＆ベックマンの第1案は，中央停車場前に円形広場を設け，それを始点に逆Y字型の大街路をつくり，それに沿って裁判所や警視庁が建ち，その街路の延長上に博物館や博覧会場，外務省が並んで，さらにその向こうに新宮殿や帝国議会議事堂，司法省が建つという壮大なものだった（図11-9）．第2案では和洋折衷の帝国議会議事堂が提案されたが，どちらも当時の日本の財政規模からすれば過大な計画で，地盤の状況などを考慮していなかったという問題もあり，結局司法省（1895，図11-10）と裁判所（1896）が計画を変更して実現しただけに終わった．

ちなみに，不平等条約の改正にはさらに日時を要し，1911（明治44）年の日米通商航海条約の修正によって，ようやく実現した．

(c) **都市計画法と市街地建築物法**

1919（大正8）年には都市計画法と市街地建築物法が制定された（翌年施行）．都市計画法は，市区改正とは異なり，東京に限定されたものではなく，すべての都市が対象になり得るもので，まず都市計画区域を指定してその区域内での将来の発展をコントロールすることや，用途地域制というゾーニングの思想がとりいれられた．市街地建築物法は，建築基準法の前身になるもので，建物が守るべき要件や防災への配慮をはじめて成文化したものである．

こうして，大正中期に，全国の都市や建築を対象にする法律が整備されたのである．

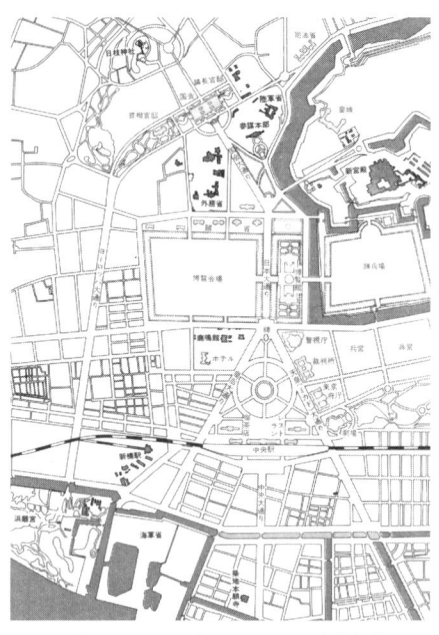

図11-9　エンデ＆ベックマン官庁集中計画

図11-10　司法省

● 演習問題

1. 辰野金吾が建築界で担った役割について説明しなさい.
2. 日本におけるセメント製造の歴史を略述しなさい.
3. 日本における板ガラス製造の歴史を略述しなさい.
4. 日本における鉄筋コンクリート造導入の歴史を略述しなさい.
5. エンデ&ベックマンの官庁集中計画について説明しなさい.
6. 市街地建築物法と都市計画法の設立時の趣旨を説明しなさい.

第12章
伝統への関心
― 国民国家の要請 ―

[概説]

「近代化」は実質的には「洋風化」だったが、経済力や工業力、生活習慣の違いなどがあって、西洋と完全に同じにはできない以上、それは現実には達成できない目標にとどまらざるを得ない。そこから、日本の実情にあう建築をつくるべきだという考え方が出てくることになる。かといって、江戸時代までのやり方に戻るのは非現実的なので、第三の道、つまり和と洋を併存させる「和洋折衷」（和風と洋風の要素や住まい方を併存させること）というやり方が注目されることになった。

たとえばそれは、日本に建つ建物なのだから日本らしさを表現すべきだ、というような考え方で、最初はむしろヨーロッパの建築家から、帝国議会議事堂や教会などに洋風と和風のモチーフを混在させたデザインが提案された。また、住宅建築では、客の応接用に洋館がほしいが、住宅すべてを洋風にすると生活に支障が出るので、居住部分は和風にしたいという要望が出されることが多く、洋館と和館が軒を接して建てられることになった。また、和館の内部に洋風意匠の応接間や書斎をつくり、そこには椅子・テーブルを置き、それ以外の部分は畳敷きで座式の生活をするというようなこともあったし、逆に畳敷きの室にじゅうたんを敷いて椅子式の生活をするという例もあった。

「和洋折衷」がもっとも象徴的なかたちで問われた最初の例のひとつが明治宮殿（1888）の建設である。明治になって天皇に求められる役割が複雑化・多様化し、伝統の継承者であるだけではなく、近代化のリーダーとしての役割が加わったので、皇居（宮殿）は江戸時代までの御所と同じでいいというわけにはいかなかった。奥向きの居住空間だけではなく、ヨーロッパの宮殿建築と同じように、外国の外交官の謁見や、パーティーの開催などに対応できる、表向きの、儀式用の空間が必要になった。最初は完全に洋風でという案もあったが、結局和洋折衷で実施された。

また明治天皇と昭憲皇太后を祀る神社として明治神宮が国家事業として建設された。それは国民国家の統合のシンボルという意味合いを持っていた。したがって、単に伝統的な神社建築をつくることにとどまらず、新しい技術や洋風のモチーフも導入された。

12.1 日本独自の表現を求める動き ― 明治宮殿の建設 ―

この章では，そのような和洋折衷の動きを，明治宮殿や，帝国議会議事堂建設計画，明治神宮造営事業を例に紹介するとともに，住宅，特に中流住宅における和洋折衷について語る．

12.1 日本独自の表現を求める動き ― 明治宮殿の建設 ―

(a) ナショナリズムの表現

条約改正を進めるための政策の一環として，日本が文明国であることを西洋に示したいということで，政府は材料だけではなく，そのデザインも含めて西洋の建築のやり方を導入することに努めていたが，やがてそのような洋風建築をベースに日本独自の表現を模索する動きが見られはじめた．それは国民国家をめざしてスタートした大日本帝国にふさわしい建築をつくるべきだという考えが台頭してきたということであり，ナショナリズムを背景にしたものだった．

それを象徴する最初期の例が明治宮殿の建設である．

(b) 明治宮殿

首都移転後，明治天皇は旧江戸城を皇居にあてていたが，それが1873(明治6)年に焼失したため，旧紀州徳川家の屋敷を仮皇居とした．新宮殿の建設が新たな政治課題になったが，幕末につくられた京都御所(1855)と同じものをつくって済ませられるというものではなかった．それは近代国家の主権者ということで天皇に求められる役割が大きく変わったことにともなって，江戸時代までのように御簾の奥にとどまっていればいいということではなく，近代化のリーダーとしてその姿を積極的に国民に示すことが求められたからであり，国家の方針を決定するための重臣との会議の場だけではなく，外国の公使らの謁見や舞踏会などのために儀式の場が新たに必要になったからである．その一方で，その宮殿では，日本の独自性を表現することもあわせて必要と考えられた．つまり，日本の伝統的モチーフをどのようにとり込むかが問われることになった．しかしその前例はなく，伝統表現というテーマ自体が新しいものであったため，過去の名建築の装飾や文様などを調査しつつ試行錯誤が重ねられ，紆余曲折を経て，1888(明治21)年に明治宮殿（木子清敬ら，図12-1）が完成した．木造で，和風を主体とした平家(御学問所だけは2階建て)の建物で，表向き(公的行事の場)と奥向き(日常の居住の場)に分かれ，たとえば謁見所では，寄せ木張りに椅子・テーブルが配され，暖炉があって天井からシャ

図12-1 明治宮殿正殿

第12章 伝統への関心 ― 国民国家の要請 ―

ンデリアが下がり，その一方で，真壁造りで長押がまわり，天井パネルに日本古来の文様をあしらうなど，和洋折衷のインテリアになっていた．そこには，天皇を近代日本の政治の中にどのように位置づけるかについて明治前期に議論されたことが建築にも反映しているのを見ることができる．つまり，この和洋折衷は，近代化（西洋化）のリーダーであるとともに伝統の体現者でもあるという二重の役割を天皇が担うようになったことを象徴的に示しているということである．

12.2 帝国議会議事堂建設計画

(a) エンデ＆ベックマンの和洋折衷の提案

1886（明治19）年から88年にかけて計画された日比谷への官庁集中計画の中で，日本建築のモチーフを適用したデザインが提案された．その第1案は完全な西洋式だったが，ヴィルヘルム・ベックマン（Wilhelm Bockmann, 1832-1902）が1887（明治20）年の来日時に携えてきた第2案は，和洋折衷の立面を持つものだった（図12-2）．中央に山車のような屋根を持つ大きな塔が建ち，細部には肘木など，過去の日本建築のモチーフをあしらったデザインが見られた．これは日本政府が求めたものではなく，ドイツ側からの提案だった．おそらく，エンデ＆ベックマンからすれば，日本に建つという設計条件を重視し，それを立面に示したい，つまり日本の場所性を表現したいということだったのだろう．もちろん，欧化政策をとっていた政府がそれを受け入れるはずはなかったが，洋風建築に和風のモチーフを適用しようとした最初期の例として記憶すべきものである．

(b) コンドルの「和風」

外国人によって和風のモチーフの採用を提案したものとして，ほかにコンドルの「三田唯一館」（1894，図12-3）がある．これはユニテリアン教会で，建設地の意匠をとり入れたデザインで教会を建てるという同派

図12-2 エンデ＆ベックマン事務所帝国議会議事堂計画（第2案）

図12-3 三田唯一館

内部も和洋折衷で，暖炉を持つ洋室に，洋風小屋組と，和風のモチーフである蟇股や肘木を組みあわせていた．そもそもコンドルは19世紀後半の西ヨーロッパに起こった日本ブームに影響されて来日したのであり，国家の威信を表現する壮麗な建物よりも，ロマン主義的で穏健なデザインを得意とした．彼は，河鍋暁斎（1831-89）に弟子入りして日本画を学び，『日本の花と華道』（1891），『日本の山水庭園』（1892）を出版するなど，日本美の愛好者という顔も持っていたのである．

（キリスト教の一派だが，三位一体を否定し神の単性を主張する）の方針もあって，和風で建てられた．木造2階建てで，照り（反り）のついた勾配屋根を架け，立面に唐破風や懸魚や蟇股などをあしらっていた．

12.3 明治神宮の造営

(a) 明治神宮の創立

1912（明治45）年の明治天皇（1852-1912）の崩御直後から，同天皇を祀る「明治神宮」をつくるべきだという声があがりはじめた．1913（大正2）年に神社奉祀調査会官制が公布され，15（大正4）年に，神社創設のため，内務省に明治神宮造営局が設けられた．なお，1914（大正3）年に昭憲皇太后（1849-1914）が崩御したのを受けて，同皇太后を合祀することになった．建設工事は1915（大正4）年にはじまり，1920（大正9）年11月に鎮座祭が行われた．あわせて，1921（大正10）年に宝物殿が，そして聖徳記念絵画館が1926（大正15）年に，いずれも鉄筋コンクリート造で建設された．国家の一大プロジェクトとして行われたことに，また当時の英知を集めて実施されたことにもうかがえるように，日本の近代を象徴する事業といえる．ここで「近代化」の象徴として，それとともに「伝統」の継承者として，両義的な役割を担っていた明治天皇を建築にどのように表現するかが問われることになったからである．

創立ということで，つまり頼りにすべき前例がなかったために，まず，本殿およびその関連施設の建設に際して，どの神社形式を採用するかが問題になった．従来の神社形式に則るとしても，神明造り，大社造り，流造りなどのうちでどれが明治天皇・昭憲皇太后にふさわしいのかが問題になるし，近代的な技術をどこまでとり入れるかが問題になった．たとえば，都市に建つということで，耐火のために屋根を檜皮葺きではなく銅板葺きにすべきかどうかということなどが議論された．神社行政は内務省の管轄だったが，明治時代においては内務省に神社建築のあり方についての明確な方針はなく，「制限図」（図12-4）と呼ばれる，

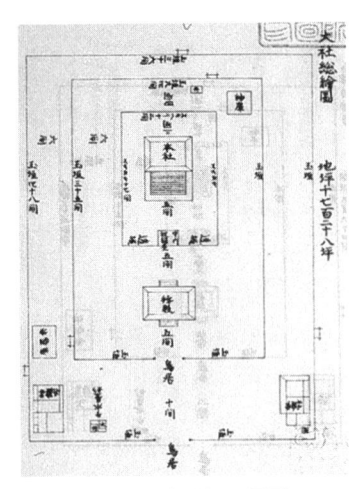

第12章 伝統への関心 ―国民国家の要請―

図12-4 制限図(大社の配置図)

図12-5 明治神宮本殿(創建時)

社格別(当時の神社には官幣社・国幣社などの区分けがあり,それぞれについて大社・中社・小社などの社格が定められていた)の規模制限をよりどころに官国幣社の営繕を行っていたにすぎない.

　結局,明治神宮では,本殿(図12-5)の神社形式は三間社流造りになった.どの様式が明治神宮に最適かを決めることはできず,けっきょく消去法で神社建築におけるもっとも一般的な形式である流造りが選ばれたということである.本殿が流造りになったことを含め,基本的な構成は「制限図」の配置にならっているが,皇族参拝や集団参拝への対応など,使い勝手にも配慮しているし,本殿基礎をレンガで固めるなど,洋風技術も用いている.また,社殿を石の基壇に載せ(本来は仏教建築の手法),社殿の重要度に応じてその高さを変えるなど,日本建築史の知見も反映されている.一見江戸時代までのやり方を踏襲したようで,実は近代の知(日本建築史の知識)によって伝統的なモチーフが秩序づけられているわけである.ちなみに,木造にしたことが関係して,屋根は檜皮で葺かれた.

(b) 宝物殿

　あわせて宝物殿が計画された.これは,明治天皇と昭憲皇太后の遺品を展示する博物館で,不燃構造でつくられることになっており,その案を求めるために設計競技が行われた.この設計競技(1915)では本殿との調和に配慮することが求められていた.このことは,木造ではなく,不燃構造(組積造か鉄骨造,鉄筋コンクリート造)で和風を表現すべきことを意味し,それは建築家にとっては新しい課題だった.しかも博物館なので壁主体の建築になるということで,真壁造りの和風表現がやりにくい課題だった.このようなことが建築家の関心を集めたのか,多数の応募があった.当選案(図12-6)はいずれも洋風の建物に勾配屋根を架けたもので,細部にさまざまな日本建築のモチーフを装飾としてあしらったものだった.横長の立面ということもあって,平等院鳳凰堂の屋根に想を得た案が少なからず見られた.実施設計は当選案と無関係

12.3 明治神宮の造営 —— 117

図12-6 明治神宮宝物殿コンペ1等当選案

図12-7 明治神宮宝物殿

に，大江新太郎(1876-1935)の設計により，1921(大正10)年に竣工した(**図12-7**)．これは，寝殿造りの配置に倣って施設を鉄筋コンクリート造の7つの分棟で構成し，それに架けられた切妻屋根の重なり合いで華やかさを演出するとともに，中央の南倉(なんそう)(展示館)をピロティで持ち上げて中心施設であることを表現するというものだった．南倉は校倉造り(あぜくらづくり)(聖武天皇の御物を保存する東大寺正倉院からの連想)に想を得ているが，当時まだ実施例が少なかった鉄筋コンクリート造を採用しただけではなく，内部が29m×14.5mの無柱の空間で，しかもそれをピロティで持ち上げるという最新の工法で建てられているという，きわめて近代的な様相をあわせ持つことにも注意しなくてはならない．

(c) 聖徳記念絵画館

また，明治天皇と昭憲皇太后の事績を顕彰する絵画を展示する聖徳記念絵画館の建設に際しても設計競技が行われた．当時の最新様式であるセセッションを用いた小林正紹(まさつぐ)案が1等当選し，それにもとづいて1926(大正15)年に竣工した(**図12-8**)．この建物は鉄筋コンクリート造だが，中央玄関ホールの上に直径15mのドームが架けられたのが注目される．この規模では日本初の鉄筋コンクリート造シェル(小林政一(まさいち)担当)で，世界最新の解析技術を用いて設計されたもので，その先進性は高く評価される．

このように，明治神宮造営事業は，「伝統」と「近代化」をともに追求するという，日本の近代を集約するテーマに対する建築表現が重要になっていたことを象徴する点で，またそこに最新の構造技術が展開された点で，日本近代建築史上注目すべき事業といえる．

図12-8　明治神宮聖徳記念絵画館

12.4 「和」と「洋」の併存

(a) 和館と洋館

　近代化の象徴としての洋風建築と在来の建築との関係，つまり「洋」と「和」をどう位置づけるかは日本近代を貫く大きなテーマのひとつである．その関係がもっとも明瞭に示されたのが住宅だった．上流階級は広大な敷地に洋館と和館を併設する住宅を建てた．多くの場合，洋館は接客の場であり，和館が日常生活の場だった．旧岩崎久弥邸（J.コンドル，1893，図12-9）などはその典型的なものである．

(b) 中産階級の住宅

　大正時代になると，中産階級が台頭した．彼らは世襲によってではなく高等教育によって社会的地位を得，会社などに通勤するという新しいライフスタイルを採用し，上流階級に比べればささやかではあるが，宅地を買ってそこに住宅を建てられるだけの経済力を備えていた．戦前の日本ではまだ借地・借家が一般的だったとはいえ，中産

図12-9　旧岩崎久弥邸洋館

階級の中には持ち家層も増えはじめた．彼らのために大正後期から分譲地開発がはじまり，1923（大正12）年の関東大震災後には，それが活発化した．東京郊外の田園調布の開発（図12-10）などはその典型的なものである．住宅が「所有」するものになれば，そこに持ち主の好みが反映されることになる．隣の家とは違うデザインが求められる．一般には和洋折衷が多かったが，上流階級のように大邸宅をつくるわけにはいかなかったので，その縮小版ともいえる，和風建物に洋風応接間を付加した住宅や，洋風建

図12-10　多摩川台住宅地(田園調布)配置図

物に和室を取り込んだ住宅が多数つくられた．

そのような住宅では，和室では畳に座り，洋間では椅子・テーブルを用いるというように和洋の生活様式が混在していた．このような生活様式は当時「二重生活」と呼ばれ，その解消を求める声もあった．折衷的な住まい方として，和室にじゅうたんを敷いて椅子式の生活をするというやりかたもあったが，一般には，この「二重生活」は過渡的なものとされてはいても，広く受け入れられていたと見てよい．

大正中期は「生活改善」，「住宅改良」が提唱された時期で，接客重視から家族本位の住宅への方針転換，家族の団らんの重視，主婦の場である台所の改良の必要性が叫ばれ，その中には，畳を非衛生として否定しつつ洋風生活をもっと導入すべきだという声もあった．1922(大正11)年に上野で開かれた平和記念東京博覧会に14棟の住宅を実物展示した「文化村」では，それらの主張を反映した，和洋折衷の中流住宅が見られ

図12-11　文化村展示住宅

た(**図**12-11)．

そもそも，「和風」といっても，それは江戸時代までのものとまったく同じというわけではない．江戸時代においてそれは，住宅のあたりまえの形式だったが，明治以降は「洋」という別のやり方が導入されたために，それとの違いを意識して，「和風」という概念が生まれたわけである．つまり「和風」という概念は「洋風」との関係で形成されることになったということである．

中流住宅においては，「洋」と「和」の間に優劣はなく，建て主の好みに応じて，どちらでも，あるいは折衷でもかまわない

と考えられていた．中産階級にとっての理想の住まいとは，左右相称の権威主義的なものではなく，周囲にある程度広い庭園を持つもの，つまり自然と共存する田園山間風のものだったと見てよい．

● **演習問題**

1. 明治宮殿建設の歴史的意義について述べなさい．
2. 明治時代に外国人建築家が提案した「和風意匠」の建物をあげ，その特徴を述べなさい．
3. 明治神宮造営事業の歴史的意義について述べなさい．
4. 日本近代の住宅の特徴のひとつである「和」と「洋」の併存の状況について，具体例をあげながら説明しなさい．
5. 大正時代中期の住宅改良，生活改善の動きについて説明しなさい．

第13章 近代主義の影響

[概説]

　この章のタイトルにある「近代主義」(モダニズム)は、おもに合理主義を基礎にし、線や面のような抽象的・幾何学的要素による構成を重視する新しい美学にもとづく芸術を意味している。ここでは、このような美学が日本に導入され、「近代(主義)建築」に収斂していく流れについて語る。

　明治から大正に移り変わる頃から、日本でも歴史主義からの脱却がはじまり、アール・ヌーヴォーの影響が見られはじめた。日本では自由曲線を多用するものよりも、直線と平面を主な構成要素にするセセッションのほうが主流で、大正時代の初期から中期にかけてかなり流行した。日本版セセッションは、装飾の付加によってではなく、直線や平面のような、抽象的な要素の組み合わせ(構成)によって建築をデザインできるという、シンプルさを重視する新しい美意識を日本の建築家の間に徐々に浸透させた点に意義が認められる。

　1920(大正9)年には分離派建築会が発足した。彼らは展覧会や出版物によって建築界の刷新を訴えたが、このような活動をはじめたこと自体が、彼らが日本最初の近代建築運動といわれるゆえんである。そのようなやり方は他の若手建築家に受け入れられ、類似の団体が続々と登場した。また、分離派建築会は、表現主義的なデザインを日本の建築界に持ち込んだ点でも注目される。

　昭和初期には、ル・コルビュジェやバウハウスの活動に注目が集まり、近代建築への関心が急速に高まった。建築の主要テーマとして合目的性が声高に主張されるようになり、ル・コルビュジェ風の、シンプルで、白い壁と横長窓を持った建物がつくられはじめた。

　欧米編第6章で紹介したように、この頃は欧米でナショナリズムが台頭した時代でもある。日本でも「日本趣味」を求めるコンペが行われ、鉄筋コンクリート造の建物の上に瓦葺きの勾配屋根を架けた建築が当選し、建設されるようになった。近代建築を支持する建築家たちはそれを厳しく批判するとともに、彼らの考える「日本的なもの」を主張した。彼らによれば、瓦屋根は寺院建築のものなので「日本的」ではなく「中国的」であり、しかも構造合理性に欠けるとして批判したのである。代わりに彼

らが「日本的なもの」としてあげたのが，平面・構造が簡素明快，無装飾，非相称などの項目で，それは実は近代建築のフィルターを通した伝統理解だった．

また，1923（大正12）年に起こった関東地震は大きな被害をもたらした．その直後からはじまった復興事業は，東京改造の好機と見なされ，道路の新設や拡幅，都市施設の整備が行われた．

13.1 新様式を求める動き

(a) アール・ヌーヴォー

歴史主義を脱却しつつそれに変わる新様式を求める動きが西ヨーロッパで起こっていたことは，日本ではほぼ同時期に知られていた．アール・ヌーヴォーを世界に広める契機になったといわれる1900（明治33）年のパリ万博を建築家の武田五一（1872-1938）や塚本靖（1869-1937），野口孫一（1869-1915）が見ているし（英国留学に赴く夏目漱石も同博を訪れて，関心を示した），武田はグラスゴーのマッキントッシュの建築も見ている．アール・ヌーヴォーに日本美術，特に浮世絵の影響があることは当時の日本の建築界でも知られており，それに対する日本側の好意的な評価には日本のナショナリズムもほの見える．また日本の建築界は，それが過去の建築様式を適用する歴史主義とは異なるものであること，つまりヨーロッパの建築デザインが変わりつつあることを示す現象としても注目していた．

日本におけるアール・ヌーヴォーの代表例としては，神本理髪店（野口孫一，1904）や福島行信邸（武田五一，1905，図13-1）などが知られる．松本健二郎邸（国重文・現西日本工業倶楽部，1911）のように，室内装飾として部分的に用いられたものを含めれば，1910年頃を中心にかなり適用例があったといえるが，曲線を多用するその流行は長続きせず，セセッションの流れを汲む直線的な意匠のほうが日本の建築家に愛好されたと見てよい．東京大正博覧会の複数のパビリオン（曾禰中條建築事務所，1915，図13-2）や石原時計店（三橋四郎，1867-1915，1915）などはその典型的なものである．セセッションは，日本の建築家に，平らな

図13-1　福島行信邸

図13-2　東京大正博覧会第一会場美術館

面や直線による構成という，抽象的で簡素なモチーフを用いる美意識への転換をうながし，歴史主義から近代建築への橋渡しをする役割を担ったといえる．

(b) 分離派建築会

1920(大正9)年2月に，東京帝国大学建築学科の最上級生(3年生)のうち6人が「分離派建築会」を結成した．これは日本の近代建築運動の最初とされ，そのメンバーのうち堀口捨己(1895-1984)や山田守(1894-1966)は，のちに日本の近代を代表する建築家になった．彼らは，展覧会を開き，それをまとめた作品集を出版して，新しいデザインや建築思想の変革の必要性を訴えた．

「分離派」という呼称がウィーンのセセッションにあやかったものだったことにうかがえるように，彼らは歴史主義からの脱却をめざしていた(セセッションに倣おうとしたわけではない)．しかしそれ以上に彼らが強く主張したのが建築の芸術性である．彼らは異口同音に建築が芸術であることを主張したが，それは当時の日本の建築界に工学重視の思想が台頭してきていたことに対して危惧を表明するということでもあった．

1915(大正4)年には，野田俊彦(1891-1929)が「建築非芸術論」を発表していた．それは，機能や構造・材料・経済性の重視こそが新しい建築の最重要のテーマであり，それらをすべて満足させる最適解(理想の建築)が存在するはずだという期待を表明したものだった．これは，科学的な手続きをきちんと踏めば誰でも「いい建築」に到達できるということで，当時進歩が実感されつつあった科学技術に全面的な信頼を寄せる考え方が台頭したことを示している．

分離派はそのような考え方を批判した．彼らも，新しい建築が機能や構造・材料の合理性を重視すべきことは認めていたが，科学的手続きを踏むだけで最適解に到達できるとは考えなかった．彼らによれば，そのような最適解は複数存在し得るはずで，その中から建築家が主体的に選びとる行為が重要なのだった．それは科学技術万能主義への異議申し立てであり，人間が科学技術の上に立つべきことを主張したのである．また，彼らは「創作」重視を訴えたが，それは設計者の主体性や個性を重視するということであり，過去の建築様式を「模倣」すること(歴史主義)やヨーロッパの新傾向を安易に模倣することへの批判でもあった．

分離派のいう「芸術」が，野田が否定した「芸術」とは異なるものだったことにも注意しなくてはならない．野田の「建築非芸術論」が批判する「芸術」は，装飾の付加や相称性の重視など，建築を美化する行為を意味しており，歴史主義の美学を念頭に置いたものだった．しかし，分離派，それも特に堀口のいう「芸術」は，線や面，色などの抽象的な要素の「構成」(コンポジション)によって美がつくられるという主張で，20世紀に主流になる，新しい美学だったのである．

展覧会に出した図面や平和記念東京博覧会(1921)のために設計したパビリオン(**図13-3**)にうかがえるように，分離派は，当時ドイツやオランダで流行していた表現主義的傾向(アムステルダム派を含む)の影響

図13-3 平和記念東京博覧会動力館・機械館（設計：堀口捨己）

を受けていたが，それは主体の内面（感情）を表現することを重視するという点で通じるものがあったからである．

図13-4 帝国ホテル

(c) ライトの影響

大正後期から昭和初期にかけて，短期間ではあったが，フランク・ロイド・ライト（Frank Lloyd Wright, 1867-1959）の影響が日本の建築に見られた．それは彼が設計した帝国ホテル（1923，図13-4）のデザインに触発されたもので，関東大震災後の仮設建築や，総理大臣官邸（現・公邸，大蔵省営繕管財局，1928），甲子園ホテル（遠藤新，1889-1951，1930，図13-5）などがその例である．

図13-5 甲子園ホテル

13.2 関東大震災復興事業

(a) 関東大震災

1923（大正12）年9月1日に相模湾北西沖を震源とする大地震が起こり，罹災者は1府6県で約340万5千人，死者・行方不明者が約10万5千人にのぼるという大惨事になった（関東大震災）．東京・横浜では，地震にともなって発生した火災により，世帯数の62.5％が家を失った．東京市の被害総額55億638万6千円のうち火災によるものが93％を占めていたことにうかがえるように，地震にともなう火災が被害を大きくしたのである．

関東大震災が起こったのは，都市や建築の近代化の必要性が強く認識されはじめた時期にあたっていた．それは市街地建築物法や都市計画法（ともに1919制定，翌年施

行)が施行された直後だったし，その少し前から鉄筋コンクリート造も普及しはじめていた．関東大震災復興事業はそのような流れを加速し，東京を改造する好機とも考えられた．

(b) 震災復興事業

東京は帝都であり，横浜も重要な貿易港だったので，その復興計画は国主導で行われることになり，1923(大正12)年9月27日に復興院が設置された．しかし，この復興院作成の復興計画は，帝都復興審議会や年末の臨時帝国議会を経て縮小され，幹線道路や大公園など，都市の根幹になる部分だけを国が行い，それ以外は地方自治体が担当することになった．それにともなって復興院は翌年2月に廃止され，代わって内務省の一外局として復興局が設置された．ちなみに，国の復興計画縮小の行方を懸念した東京市は独自に計画案(図13-6)を作成し，1923(大正12)年12月に政府に提出している．そこには地下鉄を含めた鉄道網や道路の整備，中央卸売市場新設も含まれ，予算規模で見れば，同じ頃復興院が作成した計画案の2.7倍に及ぶ，より包括的かつ大規模なものだった．

復興計画を指導したのは後藤新平(震災前に東京市長，震災後には内務大臣，復興院総裁，1857-1929)だった．彼は東京市長時代から構想していた東京改造計画実現の好機ととらえ，土地収用などを断行して一挙にそれを実行しようとした．しかし，予算の制約や地主の反対で次第にその計画は縮小され，道路整備主体の事業になった．それは「土地区画整理」と呼ばれるもので，

図13-6　震災復興計画(東京市案)

図13-7　震災復興区画整理を促すパンフレット

従来の細街路を廃し，より幅員の広い，直線道路を主体にした街区整備である(図13-7)．それにともなって宅地の面積は整備事業の前より狭くなるが，東京市では，地主に1筆あたりの面積の1割の無償供与を求めるという方法(面積の目減り分は，その土地の利用価値が上がることによる地価

図13-8 東京市立泰明小学校

図13-9 同潤会渋谷アパート

上昇で相殺されるという理屈で，それが正当化された）で道路用地の取得を進めた．

建物の不燃化も進められた．たとえば，東京市は罹災した市立小学校117校の校舎すべてを，横浜市も31校をすべて鉄筋コンクリート造で復興した（図13-8）．また，復興建築助成株式会社が設立され，不燃建築を希望する者に対して，1926（大正15）年から建設費を貸与した．さらに，関東大震災の義捐金（ぎえんきん）をもとに内務省の外郭団体として1924（大正13）年に設立された同潤会（どうじゅんかい）は，鉄筋コンクリート造の賃貸アパート（図13-9）を，1926（大正15）年から1934（昭和9）年の間に，東京・横浜の16か所に86棟（戸数は約2500）建設した．住棟は階段室型で，住戸は単身者用と家族用にわかれ，家族用は6畳と3畳，または6畳と4畳半に台所がついたもの（最後の江戸川アパートでは8畳・6畳・6畳の3室からなるユニットもあった）で，便所は水洗だった．食堂や公衆浴場，集会室など，生活関連施設を付設するという方針でつくられたことにうかがえるように，生活改善をともなう住宅供給という思想がその背景にあった．同潤会は，働く女性のための大塚女子アパート（野田俊彦，1930）の建設や不良住宅改良事業，さらには郊外での分譲住宅供給など，いろいろな社会階層を対象に住宅事業を行った．

東京市や横浜市も，内務省の低利資金を受けて，震災前から鉄筋ブロック造や鉄筋コンクリート造の賃貸共同住宅建設をはじめていた．

民間でもアパートは多数建設された．その中には高級なものから庶民的なものまであった．最高級のものは，文化普及会がお茶の水につくった文化アパート（1925，図13-10）で，30坪の住戸の家賃（月350円程度）が当時の普通のサラリーマンの月収の約3倍もするというもので，当初のもくろ

図13-10 文化アパート

図13-11 野々宮アパート

みとは異なり，主な居住者は外国人だった．また，土浦亀城(1897-1996)設計の野々宮アパート(1936，図13-11)や山口文象(1902-78)の番町集合住宅(1936)はそのデザインのモダンさで知られた．東京府社会課が1936(昭和11)年に出版した『アパートメントハウスに関する調査』によれば，当時の東京市には「アパート」と呼ばれる建物が1 199棟あり，そのうち鉄筋コンクリート造は159棟で，木造が1 037棟だった．淀橋，中野，杉並あたりを中心に分布し，6畳1間がそのうちの43%を占めていた．

13.2 関東大震災復興事業 —— 127

1920年代から郊外住宅地の開発がはじまっていたが，関東大震災はそれを一挙に促進するきっかけになった．中産階級の台頭にともなって，彼らのための戸建て住宅が建てられるようになり，そのための土地の分譲もはじまった．1921(大正10)年制定の住宅組合法はそれを支援するもので，分譲地を購入して住宅を建てようとする人が集まって組合を組織して社会的信用力を増したうえで低利資金の融資を受け，それで土地の購入や住宅建設を行うという制度だった．ちなみに，関西では，それより前から阪神間で阪急電鉄などによる宅地開発がはじまっていた．

しかし，数からいえば，分譲や持ち家はまだ少数派で，当時東京の郊外で住宅地開発にもっとも利用されたのは耕地整理法準用によるものだった(ほかの大都市郊外でも同様)．これは，1909(明治42)年の耕地整理法改正で，耕地整理の名目で事実上の宅地開発がやりやすくなったことが関係している．地主が地方自治体の認可を得て整理組合をつくり，補助金を受けながら「耕地」を整理し(実際は宅地開発)，そこで借家経営をするというものである．1922(大正11)年には東京市だけではなくその郊外も都市計画区域に指定されたが，そこでも，本来行われるべき都市計画法第12条適用の区画整理ではなく，耕地整理法を適用して宅地開発が行われた．その面積は2 300万坪(7 590万m^2)以上で，世田谷区など，今日東京の良好な住宅地とされる地域は，この方法で整備された．有名な田園調布も実はこの耕地整理法準用による宅地開発である．

本来の趣旨とは異なるかたちで耕地整理法が活用された理由は，区画整理に比べて地主の側に有利な点が多かったことにある．それは具体的には，地租の優遇措置や，手続きの簡便さ，融資制度の存在である．このことは，日本近代の政策のひとつとして地主が優遇されたことが関係している．日本では近代になって所有権が絶対視されるようになったために，行政側は法の趣旨と異なることを十分認識しながらも，地主の理解を得やすいやり方で都市化に対応する道をとらざるを得なかったということでもある．

図13-12 日本興業銀行本店構造模型

(c) 耐震関連規定の整備

鉄筋コンクリート造の規定の標準化が，関東大震災(1923)の被害調査を教訓にして進められた．1924(大正13)年の市街地建築物法の構造関係規定改正と建築学会の構造強度計算規準，そして，建築学会による29(昭和4)年のコンクリート及鉄筋コンクリート造標準仕様書と1933(昭和8)年の鉄筋混凝土(コンクリート)計算規準によってその後の鉄筋コンクリート造技術が方向づけられ，普及期に入ったと見てよい．また，鉄骨鉄筋コンクリート造が耐震上有効とされるようになった．これは関東地震直前の1922(大正11)年に竣工した日本興業銀行(鉄骨鉄筋コンクリート造，構造設計は内藤多仲(たちゅう)，1886-1970，図13-12)が地震に無傷で耐えたことが教訓になっている．この建物では耐震壁が導入されていたが，その有効性も認識され，その後の耐震構造の基本的な手法になった．

震災前にも明治神宮宝物殿(1921)など，未知の点や手探りの試みがまだ多かったとはいえ，優れた解析にもとづく鉄筋コンクリート造の事例は提案されていたので，震災の教訓をきっかけに鉄筋コンクリート造の技術が進歩したとはいいきれない．大正時代の導入期から優れた技術は存在していたが，それが一部の優れた構造家の間にとどまっていたということで，震災後の規準の整備によって，鉄筋コンクリート造建設技術の底上げが図られたというのが実態だったと見た方がいい．つまり，鉄筋コンクリート造に関わる技術が技術者に一挙に広く共有されるようになるきっかけになったのが関東大震災だったということである．

13.3 近代建築の導入

時代が昭和に変わるころから，ヨーロッパの近代建築の影響が日本の新建築に見ら

13.3 近代建築の導入

れるようになった．白い箱形で，長方形窓を持ち，装飾のないシンプルな建築が日本にもつくられはじめた．その先駆的な役割を果たしたのがアントニン・レーモンド (Antonin Raymond, 1888-1976) だった．彼は，チェコ出身で，アメリカに渡り，フランク・ロイド・ライトに誘われて帝国ホテル (1923，図13-4) の設計を手伝うために来日した．同ホテルの完成後も日本に残り，霊南坂の自邸 (1923，**図13-13**) や，東京ゴルフクラブハウス (1932)，川崎邸 (1934)，東京女子大学礼拝堂及び講堂 (1937，**図13-14**) など，鉄筋コンクリート造の特性を生かした斬新な表現とディテールを持つ建築を次々に設計した．

当時の代表的な建築雑誌のひとつだった『国際建築』が1929 (昭和4) 年に2カ月続けてル・コルビュジエ特集を組んだことに象徴されるように，日本の建築家は，ル・コルビュジエ (Le Corbusier, 1887-1965) に注目していた．その徹底した合理主義の提唱やシンプルな形に建築の新たな可能性を感じたのである．デッサウのバウハウスの活動も伝えられて，近代建築は日本でも最新の建築として若手建築家の注目を集めた．当時の代表例として，吉田鉄郎 (1894-1956) の，電気試験所大崎分室 (1929) や東京中央郵便局 (1931，**図13-15**)，山口文象の日本歯科医学専門学校病院 (1933，**図13-16**) や黒部川第二発電所・小屋平ダム (1936)，

図13-13　レーモンド自邸

図13-14　東京女子大学礼拝堂及び講堂

図13-15　東京中央郵便局

安井武雄(1884-1955)の大阪ガスビル(1933),東京市土木局建築課の四谷第五小学校(1934,**図13-17**)や高輪台小学校(1935),土浦亀城(かめき)の自邸(1935),山田守の東京逓信病院(1937),村野藤吾(1891-1984)の宇部市民館(1937),坂倉準三(1904-1968)のパリ万博日本館(1937,**図13-18**),慶應義塾幼稚舎(谷口吉郎(よしろう)＋曾禰中條建築事務所,1937,**図13-19**),堀口捨己の大島測候所(1938)や若狭邸(1939,**図13-20**)などがある.

図13-16　日本歯科医学専門学校病院

図13-19　慶應義塾幼稚舎

図13-17　東京市立四谷第五小学校

図13-18　パリ万博日本館

図13-20　若狭邸

13.4 合目的性重視と威厳の表現

(a) 「日本趣味の建築」

日本における近代建築（モダニズムの建築）は，歴史主義と共存するという側面もあった．たとえば，小学校を近代主義で設計した建築家が大学の本館には古典主義的な，あるいはネオ・ゴシック的な様式を適用することがあり得たということである．つまり，近代主義は歴史主義と対立するのではなく，「瀟洒な」とか「モダンな」と形容できるビルディングタイプ（小学校や住宅など）に適用できる，一種の「様式」と見なされていたということで，中央官庁のような威厳を求められるビルディングタイプにはふさわしくないという見方があった．もちろん，建築家は新しい美学に敏感だから，官庁といえどもシンプルな横長窓が用いられるなど，近代主義の影響も見られたが，その立面の構成原理は歴史主義的なものだったし，装飾をつけることも否定されなかった．戦前の日本では，歴史主義と近代主義は共存し得たという側面があったのである．

昭和初期に，鉄筋コンクリート造や鉄骨鉄筋コンクリート造の建物の上に瓦葺きの勾配屋根を架けるデザインが流行した．これは神奈川県庁舎の設計競技(1926)をきっかけにしたものである（ちなみに，1920年の帝国議会議事堂コンペの下田菊太郎(1866-1931)案にも，彼が「帝冠併合式」と名付けた，同様の手法が提案されていた）．「日本趣味」や「東洋趣味」のデザインを条件にする設計競技がしばしば行われ，そこで瓦屋根を冠したデザインが当選し，建設された．京都市美術館（前田健二郎(1892-1975)原案，京都市建築課，1933）や東京帝室博物館本館（渡辺仁(1887-1937)原案，宮内省内匠寮，1937，**図13-21**），軍人会館（川元良一，1934）などがその代表的なものである．このような「日本趣味の建築」（俗に「帝冠様式」とも呼ばれる）は，日本独自の表現を志向する建築であり，このころ高まりを見せはじめたナショナリズムに呼応するものでもあった．京都市美術館や東京帝室博物館は，昭和天皇御大典記念事

図13-21　東京帝室博物館

業の一環として行われた建設事業だった．名古屋市庁舎（平林金吾（1894-1981）原案，名古屋市建築課，1933）や静岡県庁舎（泰井武＋中村與資平，1937），愛知県庁舎（西村好時・渡辺仁，1938）のように，城郭のそばに建設するという場所性への配慮から，瓦葺きの勾配屋根がよしとされた例もある．

(b)　近代建築家の「日本的なもの」

このような「日本趣味の建築」に対して近代建築家から批判が出された．彼らによれば，このような建築は「日本的なもの」の定義に反していた．それは，瓦を葺いた勾配屋根は寺院建築のモチーフであり，寺院は中国起源だからという意味である．つまりそれは「日本的」ではなく実は「中国的」だという主張だった．仮に，日本でも千年以上寺院はつくられてきたわけだから寺院建築も日本のものであると認めたとしても，それは「過去の日本的なもの」であって，現代の日本を表現するのにふさわしくないという批判もあった．また，陸屋根で済むのにわざわざ重い屋根を冠するのは構造上合理的とはいえず，また「日本趣味の建築」にしばしばつけられた斗組や蟇股をあしらった装飾についても，木造で発達したディテールを鉄筋コンクリート造建物の立面に配するのは構造合理性に欠けるとして批判された．

しかし，近代建築家たちは，建築における「日本的なもの」の存在自体は否定しなかった．先述の批判をもとに，彼らは寺院建築にではなく，中国の影響を受けていないと考えられるビルディングタイプ，つまり神社，住宅，茶室に注目し，そこに共通する特徴として，a）平面・構造が簡素明快，b）無装飾，c）素材の美の尊重，d）非相称性，e）庭との連続性（縁側の存在），f）規格の存在（畳割り）などをあげ，それが真の「日本的なもの」であると主張した．そして，その典型例として伊勢神宮正殿や桂離宮をあげた．

ここで注意しなくてはならないのは，これらの特徴が近代建築の教義や美学に合致するということである．当時の近代建築家にはこれを「偶然の一致」と見て歓迎した者もいたが，それは近代建築のフィルターを通して見た伝統理解だったというべきだろう．つまり，神社や，住宅，茶室の中に近代建築の教義や美学に合う点を見つけだしてそれを「日本的なもの」としたということである．実は，これらのビルディングタイプには，近代建築に合致しない特徴，たとえば伊勢神宮正殿には，棟持ち柱，扠首組，束立てという３種類の構造形式が用いられていること（その構造が実はシンプルではないこと）や1953（昭和28）年の式年遷宮前には正殿だけで2 000個以上の金具や装飾がついていたこと（無装飾ではないこと），茶室の軸部には色付けをするのが通例だった（素材の美を尊重していたのではない）ことなどをあげることもできるのである．

彼らの提唱する「日本的なもの」と近代建築の親近性を強調することは，一方では世界と価値観（近代建築）を共有していることを意味し，またヨーロッパが20世紀になって発見した価値（合理主義的建築観）を日本では昔から保持してきたということになれば日本人のプライドを満足させることも

図13-22　在盤谷日本文化会館コンペ1等案(丹下健三)

できる．つまり，普遍性重視と独自性をともに満足させられる点で，彼らにとっては好ましい枠組みでもあったのである．

一方，「日本趣味の建築」は，過去の日本建築に見いだせるモチーフで威厳を表現しようとした建築である．これは当時欧米にも見られた，ナショナリズム重視の風潮に歩調を合わせるものであり，歴史主義に倣ったものだった．それをよしとする立場からすれば，近代建築では日本のアイデンティティを威厳あるかたちで表現することはできないのだった．したがって，近代建築家は「日本趣味の建築」を批判するだけではなく，近代建築でも日本の威厳を表現できることを示す必要があった．その試金石になったのが，大東亜記念営造計画(1942)と在盤谷(バンコック)日本文化会館(1943，図13-22)の設計競技である．与条件や使用材料の制約などがあったことは評価の前提にしなくてはならないが，神社や合掌造りなど，既存のモチーフを引用したものが多かったこと，またル・コルビュジエのムンダネウム計画(1930)を参照したものが見られたことにうかがえるように，近代建築で日本独自の威厳を表現するのは，やはりむずかしかったというべきだろう．

● 演習問題

1. 日本におけるアール・ヌーヴォー建築の代表例をあげなさい．
2. 日本近代におけるセセッションの歴史的意義について説明しなさい．
3. 関東大震災復興事業の概要について説明しなさい．
4. 関東大震災の教訓をもとに行われた構造関係法規の改訂について略述しなさい．
5. 同潤会のアパートについて説明しなさい．
6. 耕地整理法準用の宅地開発について説明しなさい．
7. 「日本趣味の建築」について説明しなさい．
8. 「近代建築のフィルターを通した伝統理解」について述べなさい．

第14章 近代主義の展開

[概説]

　この章では第二次大戦後の日本の建築や都市の歴史について語る．この時期においては，近代主義は新しい美学としてだけではなく，思想や手法面での広がりをもって展開した．戦争への反省から，西洋を理想化し，それに近づくことを目ざすということでもあった．建築においては近代（主義）建築が日本に浸透していくことを目標にするということである．その旗手だった丹下健三が『建築文化』1955（昭和30）年3月号で，「ザインとしての近代建築ではなく，ゾルレンとしての近代建築を考えている」と述べた．これは，「すでにある」（ザイン，sein）近代建築ではなく，「あるべきもの」（ゾルレン，sollen）としての近代建築を目ざすという意味で，当時の日本の建築家の考え方を象徴する発言といえる．それはまだ完全には達成されていないから，その実現を目ざして日本の建築家も尽力すべきだという意味である．

　戦時中の空襲によって日本の都市は大きな被害を受けた．敗戦直後には，それに戦地からの復員や外地からの引き揚げが重なって，深刻な住宅不足が生じた．戦後の住宅政策はまず公営の集合住宅の供給をめざした．しかし，集合住宅を建てるための用地を手当てするのがむずかしく，十分な供給はできなかった．1950（昭和25）年に，独立住宅を求める層に建設資金を貸し付けるために住宅金融公庫が設立されたが，それは住宅問題に対する政府の対応が持ち家奨励策に転換せざるを得なかったということでもある．1960年代の高度成長時代には，分譲型の集合住宅，つまり「マンション」が建てられるようになった．

　戦後の建築関係法規の歴史は，1950年の建築基準法にはじまる．建設技術やコンピューターによる解析技術の進歩によって，超高層建築が可能になったのを受けて，1963（昭和38）年には，従来の高さ制限（31mまで）が撤廃され，あわせて容積率制が導入された．

　1920年代に西欧で成立した近代建築はほとんど同時期に日本に導入されていたが，その造形的な新しさだけではなく，その方法論を含めて議論されるようになったのは戦後である．特に丹下健三を中心とするグループがその先頭に立ち，「機能」というテーマをデザインにどうしたらとり込める

かというようなことに関して、いろいろな試みが行われた。また、鉄骨造やシェル構造などを活用した大架構も提案された。若手の建築家の中からは、生命体に想を得たメタボリズム（新陳代謝）が提案された。

1960年代になると、公害問題など、近代化の弊害も指摘されるようになり、歴史的建造物の保存活用もはじまった。

14.1 戦災復興

(a) 住宅不足

太平洋戦争（1941-45）によって、日本の都市は大きな被害を受けた。戦災や、疎開のために取り壊された住宅が膨大な数に上り（それぞれ210万戸、55万戸）、しかも戦地からの復員や、海外からの引揚げが加わって、深刻な住宅不足が起こった。その不足数は420万戸ともいわれ、国民の4分の1にあたる2千万人あまりが路頭に迷うという危機的状況が生じた。国家財政は敗戦によって破綻していたし、貸家業は衰退していた。戦前の東京では貸家と持家の割合は7：3で、借地・借家があたりまえだったが、1939（昭和14）年から何度か出された地代家賃統制令や戦後のインフレ、さらには長期低利資金の調達がむずかしくなったことが関係して、借家経営のうまみがなくなり、民間借家の数が激減したのである。

(b) 住宅政策

政府はまず、1945（昭和20）年に罹災都市応急簡易住宅建設要綱（越冬のための応急措置として30万戸の供給をめざしたもの）や住宅緊急措置令（既存建物の住宅への転用や規模にゆとりのある住宅への複数の家族の居住を促進するもの）、1946（昭和21）年に臨時物資需給調整法（指定生産資材の切符制を導入して新築・増改築を許可制にするもの）、47（昭和22）年には臨時建築等制限規則（資材供給が困難だったため住宅の面積上限を12坪に制限したもので、翌年に上限は15坪になった）などの応急対策を出した。また、食糧増産と失業対策を兼ねた入植者用住宅の建設や、引揚げ者用住宅の供給、経済復興政策の一環としての石炭増産のための炭坑住宅の建設なども進めた。そして、敗戦直後の1945（昭和20）年11月に設けられた戦災復興院と旧来の内務省の一部を合併し、本格的な復興をめざして、1948（昭和23）年に建設省（現国土交通省）が設置され、翌年同省に設置された住宅局を中心に、住宅政策が進められることになった。

住宅不足解消には公営住宅の大量供給が必要と考えられたので、地方自治体に国庫補助を行って公営住宅建設を図るために、1951（昭和26）年に公営住宅法が公布された。しかし、公営住宅の供給数は期待されたほどには伸びず、それだけでは住宅不足の解消はできなかった。地価の高騰がはじまり、まとまった事業用地の取得が円滑に進まなかったからである。住宅問題は土地問題でもあった。そこで、複数の地方自治体にまたがって大規模団地の敷地を確保することも視野に入れつつ、良好な住宅を大量供給するために、1955（昭和30年）に日本

図14-1　日本住宅公団豊四季団地

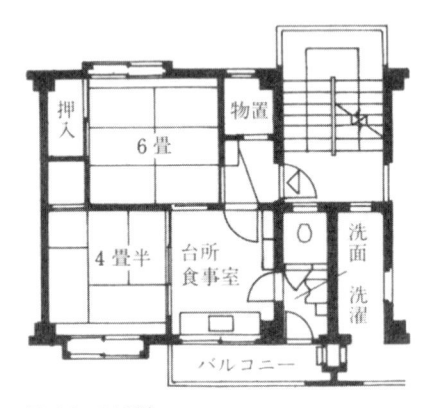

図14-2　51C型

住宅公団(現都市再生機構，UR)が設立された．公団のアパートは鉄筋コンクリート造で，約50m²の各住戸には浴室が付き，団地には商店などの生活関連施設が併設され，人気を集めた(図14-1)．また，大量供給の長所を生かして規格にもとづくコストダウンが実現し，玄関のシリンダー錠や台所のステンレス流し台が普及するきっかけにもなった．また，公団で採用されたダイニング・キッチンも一般の住宅にとりいれられ，戦後の日本の住宅の基本形のひとつになった．

これらの戦後のアパートの平面計画の基本方針になったのが「食寝分離」(食事の場と寝室を別に用意すること)と「就寝分離」(夫婦と子供の寝室を分けること)である．それに対応するためのプロトタイプとして提案されたのが「51C型」と呼ばれる平面計画である(図14-2)．

その一方で，持ち家を求める層もいた．土地があっても建設資金がないという人々のために，GHQ(連合国軍最高司令官総司令部)の指導もあって，1950(昭和25)年に住宅金融公庫が設立された．これは，住宅を建設しようとする人に低利資金を融資する制度で，先にも触れたように，事実上，政府が公営住宅重視から持ち家奨励政策に転換したことを意味する．ちなみに，公庫では，建築指導と審査制度によって住宅の水準を引き上げることもめざした．この仕組みによって戦後の戸建て住宅の基準が形成されただけではなく，工事検査の実施などによって，施工水準の向上にも貢献した．また，金融公庫は，産業労働者住宅や市街地共同住宅など，鉄筋コンクリート造の集合住宅も建設した．政府の公営住宅供給政

策が挫折し，持ち家奨励に向かわざるを得なかったとはいえ，住宅公団や金融公庫が戦後の数十年間の住宅供給に関して大きな役割を果たしたのはまちがいない．

このような戦後の住宅政策によって，日本の住宅は「借りるもの」から「所有するもの」に変わっていった．それは住宅が所有者の好みを反映するものに変わっていくことでもあり，まわりの家との差異を強調するデザインが求められるようになって，住宅が住み手の個性を表現するメディア（媒体）に変容したということでもあった．

(c) 建築基準法

1950（昭和25）年に，それまでの市街地建築物法に代えて，建築基準法が公布された．そこでは用途地域制や斜線制限などを踏襲しつつ，単体規定と集団規定という概念の導入や，許容応力度を長期と短期に分けて設定するなどの変更がなされた．市街地建築物法の多くの規定は，戦時中の資材不足などのため1943（昭和18）年に停止され，代わりに一連の戦時規格が適用されていた．そこではたとえば，1944（同19）年の臨時日本建築規格制定で，応力が長期・短期の2種類に分けられ，1947（昭和22）年に許容応力度を含め，長期・短期の2本立てになっていた．つまり，戦時や敗戦という非常時に対応するための方策の一部が，建築基準法にとり入れられたということである．ちなみに，建築基準法は建物が保持すべき最低水準を規定したもので，住宅金融公庫は，それより厳しい審査基準を設定していた．

このように，建築基準法には，制定時の日本の社会状況が色濃く反映している．戦時という非常時の対応を受け継いでいることや，更地に新築することしか想定していないこと，つまり戦後の復興のことを念頭に置いていたのはその例である．

また，当時は，空襲の記憶が鮮明だっただけではなく，大火がしばしば起こっていたので，都市の不燃化は悲願で，耐火建築の建設促進制度や，広幅員道路の両側に不燃建築による延焼防止帯をつくるなどの対策がとられた．ちなみに，都営高輪アパート（1948, 49, 図14-3）は戦災復興院（建設省の前身）総裁・阿部美樹志（1883-1965）の強いリーダーシップによって実現した鉄筋コンクリート壁式構造のアパートで，その構造形式を含め，その後の公営住宅建設の先駆けになった．

図14-3 都営高輪アパート

(d) ニュータウン

戦後の復興期を経て経済発展が予想されるようになった1950年代後半から，「ニュータウン」の必要性が提唱されるようになった．山林や農地に新たに数十万人規模の新しい町を建設し，住宅不足の緩和と大都市の無秩序な発展を抑制しようとしたのである．その最初のものが大阪の千里ニュータウンで，1961（昭和36）年に工事がはじめ

られた．つづいて，多摩ニュータウン（東京，1965計画決定），高蔵寺ニュータウン（愛知，1966着工，図14-4），港北ニュータウン（神奈川，1974着工）などがつくられた．これらはイギリスのニュータウンとは異なり，大都市に働く勤労者の「ベッドタウン」としての性格が強いものだった．

図14-4　高蔵寺ニュータウン

14.2 近代建築の探求

(a) 丹下グループの活動

敗戦の荒廃の中からの再出発だったが，民主主義の導入や，「軍事国家」から「平和的文化国家」への転換が叫ばれるようになり，建築家から見れば，新しい可能性が実感できた時期でもあった．日本でも，近代建築の主要テーマである「機能」や「技術」，「民主主義」を建築表現にどう結びつけるかがテーマになった．そのような新傾向を象徴するのが濱口隆一(1916-95)の『ヒューマニズムの建築』（雄鶏社，1947）である．ここで濱口は，これからは工場・集合住宅・学校などが主要テーマになり，それは宮殿などと違って機能が複雑・多様であり，その機能を満足させることを追求すればいい建築ができる，それも好条件に恵まれれば，美しい建築ができる，と説いた．しかし，多様な機能を満足させる最適解が存在する（現実にはあり得ない）ことを主張するだけで，それに至る具体的な方策は一切示されていないし，また機能から形が一義的に決定されると見なしている点で，有効な指針にはなり得ないものだった．『ヒューマニズムの建築』の歴史的意義はその内容にではなく，当時の建築家の注目を集めたという点にある．それは当時の日本の建築家が「機能」，「技術」，「民主主義」というテーマに建築の新たな可能性を見ようとしていたことを示しているからである．

「機能」に関してより現実に即した提案をしたのは丹下健三(1913-2005)のグループである．彼らは，機能と形（空間）との関係が単純ではなく，矛盾に満ちていることを，そしてその矛盾を統一していく過程が建築の創造行為なのだということをはっきり認識していた．丹下を中心とするグループ（丹下研究室）がその矛盾を乗り越えるための方法として提唱したのが「空間の典型化」という考え方だった．建築家が対応を求められる機能は個別的であり，偶然性の強いものもある．しかし，その中にはそれぞれの機能の「本質的な発展」，つまり「客観的な法則」が潜んでおり（そこには哲学者ヘーゲルGeorg Wilhelm Friedrich Hegelの影響が見られる），それをつかみ出すこと（それを彼らは「機能の典型化」と呼んだ）が出発点になると彼らは考えた．そしてそれを現実の空間構成に結びつける過程まで

を含めて「空間の典型化」と呼んだのである．たとえば，オフィス機能の「本質的な発展」が「フレキシビリティ」にあるとすると，無柱の大空間と用途の多様化に対応するための可動間仕切りが望ましいことになる．そこでそれを実現するために，構造計画や寸法体系まで視野に入れてコア・システムやモデュラー・プランニングを提案するというようなことである．彼らはこのようなかたちで「空間の典型化」を展開しようとした．

それは，普遍的な価値を重視している点で，また，最新の技術を積極的に適用しようとしているという点で，典型的な合理主義である．当時，丹下健三はこのような課題解決のシステムを「方法的体系」と呼んでいるが，この「方法」という概念こそは普遍性重視という合理主義に支えられたものであり，1950年代，60年代の日本の建築思想を象徴するものといってよい．そこには，建築家の社会的使命は，汎用性のある手法や技術を開発するリーダーになることにあるという信念がうかがえる．

(b) 50年代，60年代を象徴するビルディングタイプとしての都道府県庁舎

1950年代前半においては，まだ大規模な建設事業は少なかった．その中で建築家に注目されたビルディングタイプが都道府県庁舎だった．それは，当時まだ実例が少なかった高層オフィスビルの例ということでもあり，庁舎と議場という2つの異なる機能をどう組みあわせるかをテーマにできる

図14-5　香川県庁舎

だけではなく，民主主義を象徴するものとも見られたからである．戦前の府県庁は内務省の出先機関だったが，戦後は地方自治を象徴する組織と見なされるようになったことがそのような志向を後押ししていた．その代表例として香川県庁舎（丹下健三，1958，図14-5）があげられる．オフィス棟を正方形平面とし，その中央にサービス・コアを設けて耐震要素とすることによってその外周にオフィス用の大空間をとった．外周の柱は鉛直力だけを受ければいいのでその断面を細くでき，しかも水平力はコアが負担するので柱間を完全に開放できることになった．このような操作によって，軽やかな外観を実現できた．また，議会棟をその横に長く配し，それをピロティで持ち上げて，オフィス棟へのゲートとし，さらには中庭を含めてピロティ部分を誰でもアクセスできる広場とした．

(c) 小住宅の試み

 小住宅も当時の建築家にとって重要なテーマだった．当時は濱口ミホ(1915-88)の『日本住宅の封建性』(遠藤書店，1949)に代表されるように，玄関や床のような伝統的な要素は廃するべきだとされ，それに代えて推奨されたのがアメリカ風のモダンな住宅だった．1950(昭和25)年頃までは雑誌に発表できるような建物が建てられなかったこともあって，たとえば雑誌『新建築』では若手建築家を対象に小住宅の誌上設計競技を行った．そこに見られたのがそのような住宅で，和室はなく，フローリングに椅子・テーブル・ベッドを置くというものだった．それを実現するためには暖房設備が必須だったが，当時の庶民にはそれは望めず，1960(昭和35)年頃にアラジンの石油ストーブが導入されるまでは，洋風の生活様式はさほど普及しなかった．

 1950(昭和25)年あたりから，建築家が小住宅を設計しはじめた．これは当時の規模制限やローコストを前提に，その枠内でいかに快適に暮らせるかを検討したものである．一般的な対応策としては，木造で，吹き抜けを持つ2階建てで，内部はワンルームを基本とし(寝室でさえも閉じた空間になっていない)，居間と庭の連続性を意識したものだった．家具は造り付けにして躯体に組み込むか，可動棚として簡易間仕切りにもなるようにした例が多い．水回りを一箇所に集めた，コア・プランニングも多かった．代表例として，池辺陽(1920-79)の一連の最小限住宅，増沢洵(1925-90)の自邸(1952)や「コアのあるH氏の住まい」(1953，図14-6)がある．広瀬鎌二(1922生まれ)は，「SH-1」(1953)などの一連の軽量鉄骨の平家で，開放的で軽快な表現を持つ住宅を試みた．また，清家清(1918-2005)は「森博士の家」(1951)で，当時伝統的な要素として排除すべきことが提唱されていた和室を中央にすえた開放的な住宅を，また「齋藤助教授の家」(1952，図14-7)で，フローリングと和室の畳を面一にし，建具に引き違いの襖や障子を用いて，和風のモチーフを近代化する可能性を提案して注目された．このように，小住宅というテーマ

図14-6 コアのあるH氏の住まい

は，プランニングの研究，モジュールの開発，それらに対応する新たな空間構成の模索という点で，建築の新しい方向を模索するための検討の場を提供したわけで，敗戦直後の日本の建築を語るうえで重要なテーマといえる．

図14-7　齋藤助教授の家

14.3 技術の表現

(a) 鉄骨造

1950(昭和25)年に勃発した朝鮮戦争(1953休戦)は日本の経済復興のきっかけになった．物資の供給基地として生産・流通が促進されたのである．それにつれて建設需要も増え，民間の高層ビルの建設がはじまった．そこには建築家によってさまざまな新技術を適用することが試みられた．まず，日本相互銀行本店(前川國男，1905-86, 1952, 図14-8)は，全溶接鉄骨造の採用，アルミやコンクリート・パネルを用いたカーテンウォールなど，軽量化を積極的に試みたもので，最新技術の適用による新しい建築表現をめざした初期の例として注目される．当時，前川建築設計事務所は，新しい技術を適用することによって新しい建築を提案することを自らの使命と考え，汎用性のある，つまりほかの建築家が利用できる手法を率先して開発することをめざしていた．彼らの技術志向は「テクニカル・アプローチ」と呼ばれ，神奈川県立図書館・音楽堂(1958, 図14-9)のホロー・ブリック

図14-8　日本相互銀行本店

図14-9　神奈川県立図書館・音楽堂

図14-10　神奈川県立鎌倉近代美術館

図14-11　群馬音楽センター

の採用や，岡山県庁舎（1958）での，メンテナンスに配慮したスチール・サッシの断面形状の開発などはその好例といえる．

鉄骨造ではほかに，坂倉準三が設計した神奈川県立鎌倉近代美術館（1951，**図14-10**）が，軽快感を強調したデザインで注目された．この建物には，池際の軟弱地盤の上に建てるということもあって鉄骨造が採用されたが，これは彼が1937（昭和12）年のパリの万国博覧会日本館（図13-18）のために提案したのと同様の，細い鉄骨Ｉ型柱を使ったものだった．

(b)　**鉄筋コンクリート造**

鉄筋コンクリート造では，レーモンドがさまざまな試みを行った．戦前から彼は，打ち放しコンクリート（川崎邸，1934）やプレキャスト・コンクリート（東京女子大学チャペル，1937，図13-14）など，鉄筋コンクリート造を使った新しいデザインに積極的に取り組んでいた．戦後は，折板構造の群馬音楽センター（1961，**図14-11**）やシェル構造（安川電機本社ビル，1954，神言(しんげん)神学院教会，1966など），ジョイスト・スラブと壁構造の組み合わせ（ペリー・ハウス，1952）とハリス・ハウス，1953）を次々に設計し，日本の建築界に大きな刺激を与えた．リーダーズ・ダイジェスト東京支社（1951，**図14-12**）では，Ｔ字形の柱・梁と端部の鋼柱で構成した独特の構造で軽やかな２層のオフィスを実現した．これは，実はラーメン構造（構造設計はP. ワイドリン

14.3 技術の表現 —— 143

図14-12 リーダーズ・ダイジェスト東京支社

図14-13 広島ピースセンター

図14-14 国立屋内総合競技場

ガー Paul Weidlinger) だったのだが，当時の日本の構造学の常識を超えたもので，それを理解できなかった構造学者から批判されたほどである．

丹下健三も，鉄筋コンクリート造を愛好した．広島ピース・センター（1954）の原爆資料館（**図14-13**）ではル・コルビュジエ風のピロティを導入し，その脇の平和記念館では耐震壁を建物内部に配して，外観を軽快に見せた．愛媛県民館（1953）ではドーム型のシェル構造を採用し，東京カテドラル（1964）ではHPシェルを試みた．曲面をモチーフにした建築表現として，彼は吊り構造（東京オリンピックのための屋内総合競技場，1964，**図14-14**）も試みた．

「技術」というテーマに対して，市民社会のモダンで穏健な価値観にもとづき，適材適所という柔軟な姿勢で臨み，巧みに自らの表現にまとめあげた好例として吉村順三（1908-97）があげられる．彼は，NCR東京支社（1962，**図14-15**）で日本初のダブル・スキンを試み，軽井沢の山荘（1962，**図14-16**）では，鉄筋コンクリート造と木造の混構造を採用して，コンパクトでありながら快適性とプライバシーを享受できる別荘を提案し，愛知県立芸術大学（1966-71）では，敷地の高低差に対応しつつ，鉄筋コンクリートのピロティや環境工学的配慮を組み合わせながら，変化に富んだ建築群をつくり出した．

144 ── 第14章　近代主義の展開

図14-15　NCR東京支社

図14-16　軽井沢の山荘

図14-17　パレスサイド・ビルディング

同じ頃につくられたパレスサイド・ビルディング(日建設計，1966，**図14-17**)は，変形敷地などの難しい与条件の中にむしろ新しいデザインの可能性を見いだしながら，ダブルコア・システムや大スパン構造，カーテンウォールを排しつつ，規格材を巧みに適用しながら，ユニークなデザインにまとめ上げた作品として，戦後の日本のオフィスビルの金字塔といえる。

(c)　プレファブ住宅

プレファブ住宅が普及したのも戦後である。プレファブ住宅の試みには，敗戦直後に前川建築事務所が提案した「プレモス」や田邊平學(1898-1954)・後藤一雄(1913-96)設計の「プレコン」などの先駆例があったが，商品として成功を収めたのは，子供部屋として1959(昭和34)年に発売された大和ハウス工業の「ミゼットハウス」から

といえよう．なかでも「セキスイハイムM1」（大野勝彦ら，1970，図14-18）は，軽量鉄骨ボックス・ラーメンによるユニット工法でつくられ，ユニットを工場で生産し現場では組み立てるだけという，当時のプレファブ住宅の理想を実現することを目ざしたもので，発売14年の累計10万戸以上といわれるほどの成功を収めた．しかし，住宅が戦後に「所有するもの」になったのに関連して，日本のプレファブ住宅は，規格化を徹底して低価格を追求するよりも，買い手の多様なニーズへの対応を重視する方向に展開した．

(d) 高さ制限撤廃と容積率制の導入

1919（大正8）年公布の市街地建築物法，そして1950（昭和25）年公布の建築基準法においても，建物の高さは31m（100尺の換算値）までとされていたが，1963（昭和38）年に建築基準法が改正され，高さ制限の撤廃と，容積率制の導入が盛り込まれた．これは，経済復興を基礎にした開発事業の活発化にともなう都市の高層化への対応であり，コンピューターの導入による構造解析技術の進歩がその裏づけになっていた．その適用を受けた最初の超高層が霞ヶ関ビル（鹿島建設，1968，図14-19）である．ここでは従来の「剛構造」に代えて「柔構造」という概念が導入され，建物の固有周期をそれまでよりも長く設定することによって共振をおさえるという方針で設計されていた．「柔構造」という考え方は，大正末期から昭和初期に真島健三郎(1873-1941)や岡隆一(1902-88)，棚橋諒(1907-74)によって提案・試行されていたが，超高層ビルと

図14-18 セキスイハイムM1

図14-19 霞ヶ関ビル

して実用化されるにはコンピューターの進歩をもとにした解析能力の高度化が必要だったのである．また，免震構造は阪神淡路大震災(1995)あたりから注目され，適用例が増えているが，岡隆一によって昭和戦前に設計建設されていたことも忘れてはならない．

(e) メタボリズム

超高層ビルの出現に象徴される技術の進歩はデザインにも影響を与えた．近代の科

146 —— 第14章　近代主義の展開

図14-20　中銀カプセルマンション

図14-21　東京計画1960

学技術に触発されて新しい建築思想が台頭したのである．その例としてもっともよく知られるのが「メタボリズム」である．これは生命体をモデルにした建築理論で，たとえば，道路のようなインフラストラクチャー（基幹構造を意味し，生物の「背骨」にあたる）と，より早い更新が求められる要素（建物など）に分け，都市の成長にともなって要素の更新がしやすくなるようにすること，つまり，都市や建築が状況の変化に対応しやすくなることをめざしたものである．建物単体においても，部位によって更新サイクルが異なることを認識して，コアのような基幹になるものに，室を取り替え可能なカプセルとして取り付けるという発想も登場した（中銀カプセルマンション，黒川紀章，1934-2007，1972，図14-20）．メタボリズムは海外で注目された日本発の建築思想の最初のものという点で，建築史

上記憶すべきものである．そこには，同時期のアーキグラムと同様，近代科学技術に対する全面的な信頼が見られる．当時の日本でも，新しい技術が建築により多くの可能性を約束するという考え方が支配的だった．

このような考え方を都市計画に応用したのが丹下健三の「東京計画1960」（図14-21）である．東京湾上に，晴海から木更津まで，ループ式の高速道路が連続し，その中央軸と，それから枝別れした道路にさまざまな機能の建物群が配されるというもので，巨大都市という存在を前向きにとらえ，その発展に対応するための，都市の基幹構造（背骨にあたる）としての交通体系と，取り替え可能な要素としての建物群（末端の組織にあたる）という，各要素の寿命の違いに対応することをめざした都市計画の提案だった．

14.4 マンションの増加

　1965年頃(昭和40年代)から，住宅建築の分野で大きな変化が見られるようになった．それはマンションの建設ブームである．分譲型の集合住宅が続々と建てられるようになったのである．その背景には，大都市における人口集中とそれにともなう宅地取得の困難さがあった．初期の住宅公団の集合住宅との大きな違いは「所有する」ものとして供給されたことで，集合住宅に対する日本人の考え方を大きく変えていくことになった．

　あわせて，不動産の区分所有などについて，建物の区分所有等に関する法律(通称「区分所有法」，1962)などの関連法規が整備されたのもマンションの供給を後押しした．その後も何度かのブームに支えられてマンションの建設が続き，今では都市における一般的な居住形態になったといってよい．

　経済性を追求するものや，調度で差別化を図ろうとするマンションが圧倒的に多い中で，内井昭蔵(1933-2002)設計の桜台コートヴィレッジ(1969，図14-22)は傾斜地

図14-22　桜台コートヴィレッジ

という悪条件を逆手にとり，外動線を親密感のある路地のように位置づけ，皆が集まり住むことを前向きにデザインに取り入れつつ，プライバシーとコミュニティとを共存させようとした例として評価できる．ちなみに，低層集合住宅の好例として，槇文彦(1928-)のヒルサイドテラス(1969-98，図14-23)がある．これは商店と住居などを低層で重ね合わせ，そのヴォリューム感を押さえながら，緑のある小広場を連続させつつ，プライベートとパブリックな空間を巧みに絡み合わせた，統一感と変化のある景観をつくり出した例として注目される．

図14-23　ヒルサイドテラス

14.5 開発至上主義への疑問

(a) 東京オリンピックと大阪万博

1960（昭和35）年頃から顕著になった日本経済の高度成長は，日本人の生活水準をあげ，敗戦直後には想像できなかったほどの豊かさをもたらした．1964（昭和39）年の東京オリンピックと1970（昭和45）年の大阪万国博覧会（**図14-24**）はそれを象徴するイベントだった．前者は「スポーツ」，後者は「科学技術」という，どちらも普遍的な価値を通して世界と絆を結び直すためのものだったという点で，日本にとっては敗戦の痛手を乗り越えるためのセレモニーとして大きな意味を持った．

(b) 公害問題，日照権紛争

それらを成功させたことによってさらなる発展が約束されたように見えたが，その一方で，大気汚染や日照権などをめぐる公害問題が深刻になりはじめた．これはこのまま大規模開発を推し進めてもいいのかという問題を突きつけることにもなった．

大気汚染は，自動車数の急増にともなう排気ガスの増大や，重化学工場からの排気

図14-24　大阪万博お祭り広場

や汚染物質の河川へのたれ流しなどを原因として起こり，全国規模で問題になった．道路拡幅にともなう，その両側のコミュニティの崩壊や交通量の多い道路周辺のぜんそく患者の急増，そして工場排水に含まれていたメチル水銀による神経疾患である水俣病（1956年確認）も当時の公害問題を象徴するものである．

日照権は，高層建築がたくさん建てられはじめたことによって問題になった．その背景には「オーバー・ゾーニング」があった．つまり，実際には2階建て程度の家並みの地域により多くの容積率を設定し，高層建築を建てやすいようにしたのである．それはその土地の利用価値が高くなることを意味するから，その地価が高くなり，それを担保に銀行から多くの資金を借りて事業をすることを可能にする仕組みだった．この仕組みは高度成長には貢献したといえるが，その恩恵とは無縁の人たちにとっては生活権の侵害にほかならなかった．容積率の範囲内での高層建築の建設は合法だったので，それを止める手段は反対運動しかなく，大都市でこの種の紛争が頻発した．街並み整備という点でも問題があったが，許容容積率を下げ（ダウン・ゾーニング），高さ制限を厳しくするなどの対策がとられるようになったのは近年である．

(c) 歴史的建造物の保存活用

1960年代には近代に建てられた建物の保存が試みられるようになった．1968（昭和

43)年が「明治100年」にあたるということもあって、近過去への懐古の情が高まったことや、開発至上主義への疑問から、レンガ造の洋館や歴史主義の建築に関心を寄せる人が増えてきたのである．博物館明治村の開館(1965，図14-25)もそのような流れの一環といえる．1968(昭和43)年から69(同44)年にかけて、レンガ造の北海道庁旧本庁舎(1888，図14-26)や日本銀行京都支店(現京都府文化博物館別館)の保存工事が竣工し、それぞれ重要文化財に指定された．同じ頃に、フランク・ロイド・ライト設計の帝国ホテル(1923)やコンドル設計の三菱１号館(1894)の取り壊し計画発表に対して保存運動が起こったのも、このような歴史的建造物への関心の高まりをうかがわせる．1888(明治21)年建設のレンガ造の紡績工場の外壁とインテリアの一部を残してホテルやギャラリーなどの多目的施設に改造した倉敷アイビースクエア(浦辺鎮太郎，1909-91，1974，図14-27)やレンガ造の外壁だけを残して後ろに新たに新築した中京郵便局(郵政省，1902，保存改修竣工は1978，図14-28)などのように、歴史的価値を一部に残しつつ、新たな機能を導入して活用する事例も登場した．

80年代に入ると、都市計画の町並み整備事業の観点から、行政側が容積率のボーナ

図14-25　博物館明治村

図14-26　北海道庁旧本庁舎

図14-27　倉敷アイビー・スクエア

スなどのインセンティブを与えて歴史的建造物の保存を支援する動きが出てきた．DNタワー21（ローチ Kevin Roche＆ディンケルー John Dinkeloo＋清水建設，1995，図14-29）はその代表的なもので，旧第一生命館（渡辺仁＋松本與作，1938）の外壁3面と構造体の3分の1，そしてその背面の農林中央金庫ビル（渡辺仁，1933）のディテールの一部を残しつつ，その間に超高層ビルを建てたもので，旧営業室部分を公開空地として位置づけたことも評価されて，この場所の法定容積率1000％に対して東京都から230％分の容積割り増しを得ている（合計で1 230％）．

このような事例は歴史を継承しつつ個性的な街並みをつくる方法として注目されるが，外壁だけを薄皮のように残し，その後ろに高層棟を新築するようなやり方は後ろの新設建物との関係を保ちにくく，木に竹を接ぐようなことになりやすい．歴史的建造物の保存活用のポイントは「残すことはつくること」にある．つまり，既存のものにいろいろな価値を発見してそれを継承しつつ建物を再生させることが重要で，それは更地に新築する場合とは異なり，既存のものを継承しつつユニークな環境形成を行うというやり方である．外壁保存では，都市に対する建物の顔（景観）だけが関心の対象になっているということで，継承されるべき価値を限定しているため，よりよい環境形成にはつながりにくいのである．

この頃までは戦前の洋風建築が保存の主な対象だったが，やがて近代建築や，近代につくられた和風建築も，さらには戦後に建てられた建物も保存の対象になりはじめている．

図14-28 中京郵便局

図14-29 DNタワー21

● 演習問題

1. 昭和20年代の政府による住宅供給政策について説明しなさい．
2. 住宅公団が普及のきっかけをつくった器具をあげなさい．
3. 51C型に象徴される，戦後の日本のアパートの平面計画の２つの基本方針をあげなさい．
4. 東京オリンピックと大阪万国博覧会の建築史的意義について略述しなさい．
5. 1963年の建築基準法改正の要点を説明しなさい．
6. 戦後に建設されるようになったマンションの歴史を略述しなさい．
7. 60年代に日本で提唱された「メタボリズム」について説明しなさい．
8. 1960年代以降の歴史的建造物の保存活用に関する行政側の施策やそれを支える考え方について説明しなさい．

第15章 近代主義への懐疑

[概説]

　この章では，80年代から現在までの日本の建築デザインと，その基盤になっている建築思想を中心に語る．

　日本でも1980年代にポスト・モダニズムが建築界の大きなテーマになった．それは欧米に触発されたもので，欧米同様に短命に終わったが，それまで日本の建築家が信じてきた近代建築の教義への疑問を提起し，それを相対化した（もはや絶対的なものとは見なされなくなった）点で意義あるものだった．

　しかし，近代建築が絶対的なものではないとすれば，そしてポスト・モダニズムにも未来を託せないとなれば，建築家は何を手がかりに創作すればよいのかが新たな問題になる．それが問われるようになったのが90年代で，欧米と同じく「建築」という概念を問い直す作業がはじまった．そのひとつが，従来あたりまえと思われていたことをひとつひとつ問い直し，その有効性を検証するという方法である．日本でも，ビルディングタイプの見直しや，建築とその周辺との関係，建築を構成する各要素の，よりゆるやかで自由な関係が模索されはじめた．

　その一方で，コンピュータ・グラフィックスの急速な進歩にともなって，より自由な造形が提案されるようになった．それは同時に，建築の形そのものについての再検討をうながすきっかけにもなるとともに，人目をひく「オブジェ（芸術作品）としての建築」ではない建築のあり方を模索することにもつながった．

　技術の進歩にともなってそれまでできなかったことが可能になり，インターネットで世界とつながり，情報を瞬時に共有できるようになり，世界で活躍する日本人建築家も増えてきた．一見非常に華やかな現代日本の建築界だが，何でも可能なように見え，しかも絶対的な規範が存在しないということは，すべてが相対化されてしまうということであり，建ったときに話題をさらった建物であっても，あっという間に消費され，景観の単なる一要素に化してしまう状況になっているということでもある．何を手がかりに設計すればよいのか，建築はどうあるべきなのかという問いを，あらためて考えるべきことがせまられているのが今である．

15.1 ポスト・モダニズムの影響

(a) 機能主義への疑問

欧米と同じく，日本でも近代建築の有効性に対して60年代から疑問の声があがりはじめた．近代建築では，機能に対応した形があるとされ（機能主義），最新の技術を活用することがよりよい建築につながると考えられていた．しかし篠原一男(1925-2006)は，から傘の家(1962，図15-1)で，正方形の平面を設定し，4：3の比率で直交する2本の直線（梁として機能し，変形防止のための構造材でもあり，空間を規定する要素にもなる）を導入するという単純な操作によって，ひとつの住宅を設計して見せた．この4：3の比率はそのまま立面の開口部と壁の比に適用されている．小屋組は放射状の合掌材が登り梁になり，それが頂部で枠止めされることによって，一体的な空間がつくり出されている．機能分析とは無縁の，きわめて単純な幾何学的操作によりながら，構造とも対応しつつ，空間の象徴性をあわせ持つ，住める家（機能的な家）をつくれることを示したわけである．また，磯崎新(1931-)は，形のボキャブラリーはこれまでの建築の長い歴史の中で開発され尽くしたと見て，新たにそれを探そうとするのではなく，既存の形の「組合せ」に創作の可能性を見るべきだと主張した．たとえ

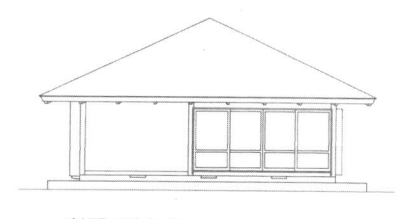

図15-1　から傘の家

図15-2　群馬県立近代美術館

ば、群馬県立近代美術館(1974, 図15-2)では、立方体の格子を組み合わせるという「形の操作」で象徴性と機能性をあわせ持つ空間をつくってみせた。このほかにも安藤忠雄(1941-)は、コンクリート打放しの、禁欲的な立面を持つ住吉の長屋(1976, 図15-3)で、中庭を設け、それを介して雨の日には濡れながら家の中を移動するという、通俗的な便利さにあえて背を向けた住宅を提案して、住むことの原点を問い直そうとした。これらはいずれも建築の形は「機能」から一義的には決まらないこと、形の決め方にはさまざまな方法があり得ることを示した点で意味がある。住吉の長屋は、1970年代の若手建築家に見られた、社会に対して「閉じる」ことをテーマにしたデザインの一例とも見られる。当時は開発至上主義の時代で、めまぐるしく変転する周囲の状況に対して、「閉じる」ことによってしか住む場を守れないと感じた一部の若手建築家が住宅という課題にそのような姿勢で臨んだのである。

リージョナリズムの例も登場した。名護市庁舎(象設計集団, 1981, 図15-4)はその好例で、沖縄の気候を考慮し、自然換気を前提にした開放的な事務空間と、沖縄特有の要素(植栽やシーサーなど)を配した。

それらに先立って、大江宏(1913-89)は、たとえば、「構造即意匠」(構造がそのまま表現になることをよしとするということ)のような、整合性や論理性を重視する近代建築の考え方に疑問を抱き、「混在併存」

図15-4 名護市庁舎

図15-3 住吉の長屋

図15-5 香川県文化会館

を提唱しはじめていた．彼は，香川県文化会館(1965，**図15-5**)などで，複数の異質な要素が混在する，より豊かな表現を，いいかえれば近代主義を相対化するような建築をめざした．

(b) ポスト・モダニズムの影響

ポスト・モダニズムの影響は日本にも及んだ．その代表的な作品といえるつくばセンタービル(磯崎新，1983，**図15-6**)は，ミケランジェロ(Michelangelo de Lodovico Buonarroti Simoni)やロース(Adolf Loos)の建築からの「引用」や，錯視をとり入れた「形の操作」でデザインされている．そのほかに，和と洋の要素を意図的に折衷した上無田松尾神社(木島安史，1937-92，1975，**図15-7**)，和風意匠を混在させた直島町役場(石井和紘，1944-，1981)，高松伸(1948-)の一連の建築などがある．

図15-6　つくばセンタービル

図15-7　上無田松尾神社

15.2　「建築」という概念の拡散

「機能」や「技術」から形が決まらないとなれば，建築家は何を頼りに設計すればよいのか．それが深刻な問いになったのは90年代からである．ポスト・モダニズムは，近代主義(モダニズム)を相対化する役割を担ったものの，それに代わりうるものではないこともはっきりしてきた．欧米と同様に，「建築」を定義し直す試みがはじまった．

ポスト・モダニズムの，過剰ともいえる表現への反動でもあったのか，その造形はシンプルで，禁欲的である．また，ポスト・モダニズムが「形」や「形の意味」を最重要視したのに対し，一部の建築家は「形」よりもその背後にある，建築を成り立たせるための「構成」に関心を寄せた．「建築のあり方」のほうに重点が移ったのである．印象的な形をつくり出すのが建築家の使命だというような，「オブジェ(作品)としての建築」を目ざすやり方にも疑問の目が向けられるようになった．このような見直しの傾向は「技術」についても見られ，一次部材と二次部材というような，それまで当然とされていたモノのヒエラルキーを相対化したような建築もつくられている．

まず，八代市立博物館・未来の森ミュージアム(伊東豊雄，1941-，1989，**図15-8**)

図15-8　八代市立博物館・未来の森ミュージアム

では，建物のヴォリューム感を消すことをテーマに，大展示室が盛り土で隠され，その上に軽やかなヴォールト屋根が分節されて載っている．坂本一成(1943-)のHouse SA(1999，図15-9)では，斜面に建つことを前提に(つまり敷地の状況という偶発的な条件から形を導くということ)，らせん状の一体空間がその「構成」の基本で，屋根は東西軸に沿ってソーラー・パネルを載せるということで，その棟は「構成」とは無関係に決められている．そこには一貫した構成原理はなく，構造も必要に応じて木造や鉄骨造が併用されている．ここでは，建築の各要素の「ゆるやかな関係」がテーマになっている．

また，妹島和世(1956-)の森の別荘(1994)では，大きな円の中に，その中心を少しずらした小さな円(中庭になる)を内包することだけで平面が規定されている．きわめて単純な操作によりながら，白い壁に，太陽の動きや周囲の木々の影が刻々と多彩な表情をつくり出す．建物自体はその存在を主張せず，背景になることによって，かえって周囲との関係がより緊密になるという構成を提案したのである．その妹島と西澤立

図15-9　House SA

図15-10　金沢21世紀美術館

衛(1966-)が設計した金沢21世紀美術館(2004, **図15-10**)は,複数の展示スペースを円形平面に島状に配し,どこからでもアクセスでき,中を自由に回遊できるという,新しい美術館のあり方を提案したものである.

伊東豊雄のせんだいメディアテーク(2000, **図15-11**)は,図書館やギャラリー,情報関連機能などの複合施設だが,支持体が樹木のような曲がった形になっており,階高も一様ではない.つまり,構造体も含めて,明快な原理を避けて,各要素や各階の関係,構造形式などのより自由なあり方をめざしたものである.

横浜港大桟橋国際客船ターミナル(A.Z.ポロAlejandro Zaera Polo&F.ムサビFarshid Moussavi, 2002, **図15-12**)では,立体的につながる鉄の架構によって,床・壁・天井の明確な境界も,柱や梁(一次部材),仕上げ材(二次部材)というような部材の明確な区分もなく,さまざまな要素が連続的につながるという,より自由な建築のあり方が模索されている.

ちなみに,新技術や新素材が新しい形を可能にするということ自体はもはや重要なスローガンにはなり得ない.むしろ,石や土という素材や木造という,伝統的な材料や手法を使いながらでも,新しいユニークな空間をつくれることが提案されている.隈研吾(1954-)の那珂川町馬頭広重美術館(2000)や青木淳(1956-)の青森県立美術館(2006, **図15-13**)などはその例といえる.いい建築をつくるために最新のテクノロジーを適用しなくてはならないというドグマ(思い込み)から自由になっているわけで,

図15-11　せんだいメディアテーク

図15-12　横浜港大桟橋国際客船ターミナル

図15-13　青森県立美術館

これも「have-toの建築」から「can-beの建築」への転換を示すものである．

● 演習問題

1. 建築の形が機能によっては決められないことを示した例をあげ，そのデザインの特徴について説明しなさい．
2. 磯崎新のつくばセンタービルを例に，ポスト・モダニズムのデザイン手法について説明しなさい．
3. 伊東豊雄のせんだいメディアテークのデザイン的特徴について説明しなさい．
4. 建築と技術の関係について，戦後の流れをふり返りつつ，今その関係をどう考えればいいのかについて説明しなさい．

あとがき
— 近代建築史からのメッセージ —

　現代は情報化社会で，ある建築家が試みたことは国境を越えてまたたくまに共有されます．そのためもあってか，よく似た建物が世界中につくられています．ナショナリズムはいまの建築界のテーマではなく，どこでも，似たような，シンプルで禁欲的な建物が氾濫しています．また，コンピューターやそれをベースにしたグラフィックス技術の進歩のおかげで，ほとんどのような自由曲面でも実現できるようになり，それを利用した建築も多数つくられるようになりました．しかし，それらの美しく洗練された造形は単なるファッションにすぎないかもしれず，未来の建築につながるかどうかはわかりません．いつの時代においても未来は不確定なものですが，デザインというのは，既存のモノや事象にさまざまな手がかりや新たな可能性を発見しながら，そして現状を相対化しながら，ひとつの形にまとめて提案する営みであり，未来の建築の手がかりは「いま」や「過去」の中に見出すしかありません．したがって，感受性や想像力を研ぎ澄ませながら，現実の中にさまざまな問題やテーマを発見し，再解釈しつつ，それを形にしていくことがデザインの王道であることは変わらないはずです．

　情報技術の進歩によって，経済性を問題にしなければ，どんな形でもつくれるようになり，近代建築全盛時まで存在したさまざまな制約が解消されたように見えるのが現在です．しかし，形を決めるには何らかの制約が必須ですから，それは手放しで喜べることではありません．あまりに自由な状況においては，何を手がかりに設計をはじめればいいのかすら，見えてこないのです．「建築」という概念の相対化が進み，誰もが承認できる絶対的な価値がなくなったとすれば，設計者の側でとりあえず何らかの制約を設定するしかありません．それは，たとえば，法制度や所有権のあり方などの社会制度を見直すことや，建物のあり方，住まい方，建物の内と外の関係，平面や立面と構造との関係，建物周囲の状況など，人々が当然のことと思っていることをひとつずつ検証し直すことで，やはり目の前の現実の中にこそ，建築のよりよいあり方を考えるための手がかりが潜んでいることを認識することを通して見えてくるものでしょう．そして，技術に対しては，最新のものであってもそれがあくまでも建設のため

の手段にすぎないことを前提にして，適材適所で利用するという姿勢で臨み，その一方で，古い技術の中にも環境との共生などの点で有効なものがあることを理解できるような柔軟な思考も求められると思います．

いつの世でも，建築家は「新しい建築」を模索します．問題はその「新しい」とはどういうことかということで，少なくともそれがまったく新しい形を発明することを意味しないのであれば，これまでに提案された形の再解釈や意味づけ，そして形の組み合わせや関係の中にその手がかりが求められることになります．それに建築思想（言説）が重ねられて「新しい建築」と認められるわけです．そのチャレンジには終わりはなく，建築のあり方やテーマは新たに発見されていくので，このような「新しい建築」はこれからもずっと提案され続けていくことになるのです（それは「進歩」ではなく「変化」ですが）．

藤岡洋保

図版出典

以下に記すもの以外の写真は，すべて筆者撮影による．

第1部　欧米編

■第1章
- 図1-1　コールブルックデールの鋳鉄橋　Pevsber, N. "The sources of Modern Architecture" (Thames & Hudson, 1968)
- 図1-2　クリスタル・パレス　Trachtenberg and Hyman "ARCHITECTURE FROM THE PREHISTORY TO POSTMODERNISM" (Harry Abrams, Inc., 1986)
- 図1-3　セント・パンクラス駅　Eklliot, C.D., "Technics and Architecture" (The MIT Press, 1992)
- 図1-4　1889年パリ万博機械館　Claude Mignot "L'architecture au XIX siècle" (Office du Livre, 1983)

■第2章
- 図2-1　ロジェの「プリミティブ・ハット」　Laugier, "Essai sur l'architecture" Paris, 1755 (republished in 1966, by Gregg Press Ltd.)……吉田鋼市『西洋建築史』森北出版
- 図2-2　ニュートン記念堂案　C. N. Ledoux, "L'architecture considérée sous le repport de l'art, des moeurs et de la legislation" Paris, 1804 (reprinted in 1981, by Verlag Dr. Alfons Uhl) ……吉田鋼市『西洋建築史』森北出版
- 図2-4　ヴァージニア大学　Trachtenberg and Hyman "ARCHITECTURE FROM THE PREHISTORY TO POSTMODERNISM" (Harry Abrams, Inc., 1986)
- 図2-6　レッド・ハウス　Hofmann and Kultermann "MODERN ARCHITECTURE IN COLOUR" (THAMES AND HUDSON, 1970)
- 図2-7　モリスの壁紙のデザイン(1875)　Pevsber, N. "The sources of Modern Architecture" (Thames & Hudson, 1968)
- 図2-8　タッセル邸　Roland, K., "A HISTORY OF THE MODERN MOVEMENT" (VAN NOSTRAND REINHOLD, 1973)
- 図2-14　シュタイナー邸　Trachtenberg and Hyman "ARCHITECTURE FROM THE PREHISTORY TO POSTMODERNISM" (Harry Abrams, Inc., 1986)
- 図2-20　ライトの「箱の破壊」　(Brooks, H. Allen "Frank Lloyd Wright and the destruction of the box" Journal of the Society of Architectural Historians, vol.38, no.1, March, 1979)

■第3章

図3-1 『貧困工場労働者救済委員会への報告書』のオーウェンの提案　Françoise Choay: "The Modern City: Planning in the 19th century" (George Braziller, New York, 1969)

図3-2 ファランステール　Françoise Choay: "The Modern City: Planning in the 19th century" (George Braziller, 1969)

図3-3 パリ改造計画（太い黒線が新規計画道路で，細かくグリッド模様になっているのが再開発地区）　Benevolo, L "Storia della città" (Editori Laterza, 1975)

図3-4 ウィーン改造計画　Benevolo, L "Storia della città" (Editori Laterza, 1975)

図3-5 マドリッドの線状都市断面図　Françoise Choay: "The Modern City: Planning in the 19th century" (George Braziller, 1969)

図3-6 エベネザー・ハワードの田園都市ダイアグラム　Tafuri & Dal Co "MODERN ARCHITECTURE" (ABRAMS, 1976)

図3-7 オルムステッドの公園計画（シカゴ・コロンビア万国博覧会配置図）Tafuri & Dal Co "MODERN ARCHITECTURE" (ABRAMS, 1976)

図3-8 ガルニエ「工業都市」計画案　Lampugnani, M., "VISIONAY ARCHITECTURE OGF THE 20TH CENTURY" (THAMES AND HUDSON, 1982)

図3-9 ガルニエ「工業都市」計画案　Lamugnani, M., "VISIONAY ARCHITECTURE OGF THE 20TH CENTURY" (THAMES AND HUDSON, 1982)

■第4章

図4-2 ファグス靴型工場　Hofmann and Kultermann "MODERN ARCHITECTURE IN COLOUR" (THAMES AND HUDSON, 1970)

図4-3 「新都市」計画案　Roland, K., "A HISTORY OF THE MODERN MOVEMENT" (VAN NOSTRAND REINHOLD, 1973)

図4-4 プラウダ社屋コンペ案　Roland, K., "A HISTORY OF THE MODERN MOVEMENT" (VAN NOSTRAND REINHOLD, 1973)

図4-5 「レーニン図書研究所」計画案　Curtis, W. J. R., "Modern Architecture since 1900" (Phaidon, 1982)

図4-6 ソヴィエト・パレス1等当選案　Wilson, J. R. (ed) "Architectural Drawings of the Russian Avant-Garde" (The Museum of Modern Art, N. Y, 1990)

図4-7 建築的コンポジション　Roland, K., "A HISTORY OF THE MODERN MOVEMENT" (VAN NOSTRAND REINHOLD, 1973)

図4-8 シュレーダー邸　Hofmann and Kultermann "MODERN ARCHITECTURE IN COLOUR" (THAMES AND HUDSON, 1970)

図4-9 パイプ椅子　Sembach, K-J., "INTO THE THIRTIES STYLES AND DESIGN 1927-1934" (THAMES AND HUDSON, 1972)

図4-11 バウハウスのタイポグラフィ　Stein J. (ed) "Das Bauhaus" (Verlag Gebr. Rasch & co., Bramisch and M Dumont Schauberg, Cologne, Germany, 2nd ed., 1968)

図版出典 —— 163

図4-12　『建築へ』（Le Corbusier "Vers une Architecture", Les Edition G Grès et Cie, secondedition, 1924）

図4-13　ドミノ計画　Boesinger & Stonorov, "LE CORBUSIER ET PIERRE JEANNERET OEUVRE COMPLETE 1910-1929" (LES EDITIONS D'ARCHITECTURE, 1964)

図4-14　シトロアン住宅模型(1922)　Boesinger & Stonorov, "LE CORBUSIER ET PIERRE JEANNERET OEUVRE COMPLETE 1910-1929" (LES EDITIONS D'ARCHITECTURE, 1964)

図4-17　「300万人の現代都市」計画案　Boesinger & Stonorov, "LE CORBUSIER ET PIERRE JEANNERET OEUVRE COMPLETE 1910-1929" (LES EDITIONS D'ARCHITECTURE, 1964)

図4-18　国際連盟コンペ当選案　Boesinger & Stonorov, "LE CORBUSIER ET PIERRE JEANNERET OEUVRE COMPLETE 1910-1929" (LES EDITIONS D'ARCHITECTURE, 1964)

図4-19　アルジェ計画B　Boesinger & Stonorov, "LE CORBUSIER ET PIERRE JEANNERET OEUVRE COMPLETE 1929-1934" (LES EDITIONS D'ARCHITECTURE, 1964)

図4-22　ロンドン動物園ペンギン・プール　Tafuri & Dal Co "MODERN ARCHITECTURE" (ABRAMS, 1976)

図4-23　森の火葬場　Caldenby & Hultin "ASPLUND" (Stockholm Architectuktur Förlag in associateion with Gingko Press, 1985)

図4-24　パイミオのサナトリウム　Sembach, K-J., "INTO THE THIRTIES STYLES AND DESIGN 1927-1934" (THAMES AND HUDSON, 1972)

図4-25　ロヴェル邸(健康住宅)　Hofmann and Kultermann, "MODERN ARCHITECTURE IN COLOUR" (THAMES AND HUDSON, 1970)

図4-26　クライスラービル　Kidder Smith, G. E., "A PICTORIAL HISTORY OG ARCHITECTURE IN AMERICA" (BONNANZA BOOKS, 1981)

■第5章

図5-1　アインシュタイン塔　Hofmann and Kultermann, "MODERN ARCHITECTURE IN COLOUR" (THAMES AND HUDSON, 1970) plate 46

図5-2　ガラスの摩天楼計画　Tafuri & Dal Co "MODERN ARCHITECTURE" (ABRAMS, 1976)

図5-9　「ブロードエーカー・シティ」計画(改訂案1950)　Tafuri & Dal Co "MODERN ARCHITECTURE" (ABRAMS, 1976)

図5-10　ニューヨーク万博フィンランド館　"Tafuri & Dal Co"MODERN ARCHITECTURE" (ABRAMS, 1976) p.280

図5-11　ヴィラ・マイレア　Fleig, K. "ALVAR AALTO vol.1 1922-1962" (Editions Girberger, 1963)

図5-12　ヴォクセンニスカの教会平面　Schildt, G. "ALVAR AALTO MATURE YEARS" (RIZZOLI, 1989)

図版出典

図5-13　ヴィープリの図書館講堂　Fleig, K. "ALVAR AALTO vol.1 1922-1962" (Editions Girberger, 1963)

■第6章
図6-1　ゼッペリンフェルト　Scobie, A. "HITLER'S STATE ARCHITECTURE" (College Art Association Inc., 1990)
図6-2　カサ・デル・ファッショ（ファシスト会館）　Tafuri & Dal Co "MODERN ARCHITECTURE" (ABRAMS, 1976)
図6-4　モスクワ大学　Tafuri & Dal Co "MODERN ARCHITECTURE" (ABRAMS, 1976)
図6-7　ストックホルム市庁舎　Cornell "RAGNER ÖSTBERG SVENSK ARKITEKT" (BYGGMÄSTARENS FÖRLAG, 1965)

■第7章
図7-1　ファーンズワース邸　Tegethof, W., "MIES VAN DER LOHE The Villas and Country Homes" (MoMA, 1985)
図7-8　ジョン・ハンコック・センター（シカゴ）　"A+U" 1972年6月号
図7-14　シドニー・オペラハウス当選案　内田祥哉（編）『現代建築写真集』共立出版, 1968)
図7-19　モデュロール　Boesinger, W. "LE OEUVRE COMPLETE 1946-1952" (LES EDITIONS D'ARCHITECTURE, 1953)
図7-22　チャンディガール計画　Boesinger, W. "LE OEUVRE COMPLETE 1946-1952" (LES EDITIONS D'ARCHITECTURE, 1953)
図7-23　「歩く都市」プロジェクト　Drew, Philip, "THIRD GENERATION, The Changing Meaning of Architecture" (Verlag Gerd, Hatje, 1972)
図7-24　「インスタント・シティ」計画　Drew, Philip, "THIRD GENERATION, The Changing Meaning of Architecture" (Verlag Gerd, Hatje, 1972)
図7-25　ブラジリア計画　Tafuri & Dal Co "MODERN ARCHITECTURE" (ABRAMS, 1976)

■第8章
図8-1　ハンスタントン中学　Smithson, A. & P. "The Charged Void" (The Monacelli Press, 2001)
図8-2　アムステルダムの孤児院　Hertzberger, van Roijen-Wortmann & Strauven "ALDO VAN EYKE" (Stichting Wonen, 1982)
図8-8　母の家　Schwartz, F.(ed.) "MOTHER'S HOUSE" (RIZZOLI, 1992)
図8-10　AT&Tビル　Curtis, W.; "Modern Architecture since 1900" (Phaidon Press, first edition, 1982)

図版出典 —— 165

■第9章
図9-1　「囚われた地球としての都市」プロジェクト　（©Madelon Koolhaas-Vriesendorp）
図9-2　ラ・ヴィレット公園コンペ応募案　（©OMA）
図9-3　フランス国立図書館コンペ応募案　（©OMA）

第2部　日本編

■第10章
図10-1　横須賀製鉄所　『横須賀海軍船廠史』（横須賀海軍工廠，1915）
図10-4　新橋停車場　『明治大正建築写真聚覧』（建築学会，1936）
図10-5　造幣寮　『明治大正建築写真聚覧』（建築学会，1936）
図10-6　工部大学校講堂　堀越三郎『明治初期の洋風建築』丸善，1929）
図10-10　第　国立銀行　堀越三郎『明治初期の洋風建築』丸善，1929）
図10-12　大蔵省　『明治大正建築写真聚覧』（建築学会，1936）
図10-13　銀座レンガ街　『明治大正建築写真聚覧』（建築学会，1936）
図10-14　鹿鳴館　『明治大正建築写真聚覧』（建築学会，1936）
図10-15　工部大学校　黒田鵬心『東京百建築』（建築画報，1915）
図10-16　上野博物館　黒田鵬心『東京百建築』（建築画報，1915）
図10-17　三菱一号館　『コンドル博士遺作集』（コンドル博士記念表彰会，1931）

■第11章
図11-1　日本銀行本店　『明治大正建築写真聚覧』（建築学会，1936）
図11-2　京都帝室博物館　『明治大正建築写真聚覧』（建築学会，1936）
図11-3　東宮御所　『明治大正建築写真聚覧』（建築学会，1936）
図11-4　鉄道寮新橋工場・機械館（著者撮影）
図11-5　秀英社工場　黒田鵬心『東京百建築』（建築画報，1915）
図11-6　相撲常設館　『建築雑誌』271号
図11-7　丸善本店　黒田鵬心『東京百建築』（建築画報，1915）
図11-9　エンデ＆ベックマン官庁集中計画　藤森照信『明治の東京計画』（岩波書店，1982）
図11-10　司法省『明治大正建築写真聚覧』（建築学会，1936）

■第12章
図12-1　明治宮殿正殿　『明治大正建築写真聚覧』（建築学会，1936）
図12-2　エンデ＆ベックマン事務所帝国議会議事堂計画（第2案）（日本建築学会蔵）
図12-3　三田唯一館透視図（京都大学建築学教室蔵）　河東義之『ジョサイア・コンドル建築図面集Ⅰ』（中央公論美術出版，1980）
図12-4　制限図(大社の配置図)（國學院大學蔵）

図12-5　明治神宮本殿(創建時)『明治神宮画集』洪洋社，1920)
図12-6　明治神宮宝物殿コンペ1等当選案(『建築雑誌』1915年11月号)
図12-8　明治神宮聖徳記念絵画館　『聖徳記念絵画館並葬場趾記念建造物競技設計図集』(洪洋社，1930)
図12-10　多摩川台住宅地(田園調布)配置図　『東京空間1868-1930 3 モダン東京』(筑摩書房，1986)
図12-11　「文化村」展示住宅(生活改善同盟会出品)　(『文化村の簡易住宅』洪洋社，1922)

■第13章
図13-1　福島行信邸　『武田博士作品集』武田博士還暦記念事業会，1933)
図13-2　東京大正博覧会第一会場美術館　(『曽禰達蔵中條精一郎建築事務所作品集』1939)
図13-3　平和記念東京博覧会動力館・機械館(設計：堀口捨己)
図13-4　帝国ホテル　『帝国ホテル』(洪洋社，1923)
図13-6　震災復興都市計画(東京市案，1923)　『帝都復興事業大観』上巻(東京市政調査会，1930)
図13-7　震災復興区画整理を促すパンフレット　『帝都復興の基礎　区画整理早わかり』(復興局，大正末)
図13-8　東京市立泰明小学校(『建築雑誌』525号)
図13-9　同潤会渋谷アパート　『建築写真類聚』(洪洋社)
図13-10　文化アパート　『来るべきアパートと其経営』(下郷市造，斗南書院，1937)
図13-11　野々宮アパート　『来るべきアパートと其経営』(下郷市造，斗南書院，1937)
図13-12　日本興業銀行本店構造模型　『内藤多仲博士の業績』(鹿島出版会，1967)
図13-13　レーモンド自邸　『レイモンドの家』(川喜田煉七郎，洪洋社，1931)
図13-14　東京女子大学礼拝堂及び講堂　『新建築』1938年5月号
図13-15　東京中央郵便局　『新建築』第8巻2号
図13-16　日本歯科医学専門学校病院『新建築』第10巻6号
図13-17　東京市立四谷第五小学校　"Architectural Japan old, new" (The Japan Times and Mail, 1936)
図13-18　パリ万博日本館　『一九三七年「近代生活ニ於ケル美術ト工芸」巴里万国博覧会協会事務報告』(巴里万国博覧会協会，1939)口絵
図13-19　慶應義塾幼稚舎　『国際建築』第13巻5号
図13-20　若狭邸　『現代建築』第2号
図13-21　東京帝室博物館　『東京帝室博物館写真帖』(大林組，1937)
図13-22　在盤谷日本文化会館コンペ1等案(丹下健三)　『新建築』1944年1月号，扉ページ

■第14章
図14-1　日本住宅公団豊四季団地(1963)　『日本住宅公団10年史』日本住宅公団，1965)

図14-2　51C型　内田青蔵ほか『図説近代日本住宅史』(鹿島出版会，2001)
図14-4　高蔵寺ニュータウン　『日本住宅公団10年史』(日本住宅公団，1975)
図14-6　コアのあるH氏のすまい　『新建築』1954年9月号
図14-7　齋藤助教授の家　撮影：平山忠治，『新建築』1953年2月号
図14-8　日本相互銀行本店　撮影：平山忠治，『新建築』1953年1月号
図14-9　神奈川県立図書館・音楽堂　撮影：平山忠治，『新建築』1955年1月号
図14-12　リーダーズ・ダイジェスト東京支社　『国際建築』1951年9月号
図14-13　広島ピースセンター　『原色現代日本の美術17建築』(神代雄一郎，小学館，1979)
図14-21　東京計画1960　『現代日本建築家全集10・丹下健三』(三一書房，1970)
図14-24　大阪万博お祭り広場　『NHK大学講座　日本の近代建築』(村松貞次郎，日本放送出版協会，1981)

■第15章
図15-1　から傘の家　『篠原一男住宅図面』(彰国社，2008)

近代建築史年表

	西 洋		日 本	
	一般事項	建築関係	建築関係	一般事項
1800	1775 ワット、蒸気機関発明 1776 アメリカ独立宣言 1789 フランス革命 1798 種痘の発明 1801 フランスでスメートル法採用 1804 ナポレオン、フランス皇帝に 1814 ナポレオン退位 1825 イギリスで鉄道の営業運転開始 1840-42 アヘン戦争 1842-44 列強、清と不平等条約 1848 衛主主義（イギリス）	1753『建築試論』 1779 コールブルックデイルの鋳鉄橋 1799 画法幾何学 1800頃 円筒法が開発されていたガラスの大量生産が可能に 1817『貧困工場労働者救済委員会への報告書』 1824 ポルトランドセメント特許 **中世主義** 1836『コントラスツ』		1804 ロシア、漂流民を択捉し長崎来航 1808 フェートン号事件 1822 英国捕鯨船、江戸湾に侵入 1825 異国船打払い令 1828 シーボルト事件 1833 天保の大飢饉 1837 モリソン号事件 1839 蛮社の獄 1842 天保薪水給与令 1844 フランダ国王から開国促す親書 1846 米海軍司令官ビッドル浦賀に来航 1846 孝明天皇、海防勅諭
1850	1851 ロンドン万博 1861-65 アメリカ南北戦争 1872 シカゴ大火 1881 電車、初の実用運転 1886 ガソリン自動車登録 1893 シカゴ万博	1851 クリスタル・パレス 1853-73 パリ改造計画 1858 セントラル・パーク 1859 レッド・ハウス 1861 モリス・マーシャル・フォークナー商会 **美術工芸運動** 1880『建築の七燈』 1882『線状都市』計画案 1889 エッフェル塔、機械館 1880年代 電動式エレベーター実用化 **シカゴ派** 1893 タッセル邸 1895 ギャランティ・ビル 1895 リライアンス・ビル 1897 セセッション設立 1899-1915 サンタ・コロマの地下聖堂 1899-1900 パリの地下鉄駅 **アール・ヌーヴォー**	1861 長崎製鉄所 1863 グラバー邸 1866 横須賀製鉄所開設 1871 横須賀製鉄所 1871 造幣寮 1872 富岡製糸場 1872 新橋停車場、横浜停車場 **お雇い外国人** 1872 銀座煉瓦街建設開始 1875 日本最初のセメント製造 1876 開智学校 1877 コンドル来日 **擬洋風建築** 1878 札幌農学校演武場 1879 工部大学校造家学科1期生卒業 1880 神戸居留地 15 番館 1881 鹿鳴館 1883 臨時建築局（官庁集中計画） 1886 臨時建築局（官庁集中計画）1883 鹿鳴館 1887 官庁集中計画第 2 案 1888 東京工手学校設立 1888 明治美術会 1888 東京工手学校設立 1894 三菱一号館 1895 京都帝室博物館 1895 法隆寺 1896 日本銀行本店	1854 日米和親条約（日本の開国） 1858 日米修好通商条約、安政条約 1863 P&Oト、日本初の定期航路開 1865 フランス郵船、日本への定期航路 1867 大政奉還 1868 明治維新 1869 開拓使設置 1871 廃藩置県 1873 内務省設置 1873 旧江戸城焼失 1873 工部大学校設置 1874 民撰議院設立建白書 1877 西南戦争 1881 帝国議会開設 1889 大日本帝国憲法発布 1894-5 日清戦争 1890-1 官立八幡製鉄所創業
1900	1903 フライヤー号初飛行 1903.06 ソックス「憂鬱」 1907 キュビスム勃興 1914-18 第 1 次世界大戦 1917 ロシア革命	1902 レッテラーズ建設開始 **未来派** 1906 ヒル・ハウス 1907 ドイツ工作連盟設立 1907 ロビー邸 1907 AEG タービン工場 1911『ドイツ作品集』（ヴァスムート） 1914『新都市』計画案 1914 ファグス型工場 1917『工芸都市の図集』 1914 ドミノ計画 1917 デ・ステイル設立	1902 三井合名会社 1905 福島邸 1905 名古屋高等工業に建築科設置 1907 佐世保に日本最初の RC 造海堡 1908 表慶館 1909 東京御所 1909 相撲常設館 1909 明治大学に建築学科設置 1911 三井物産横浜支店 1915 東京大正博ヴィリオン	1904-5 日露戦争 1909 耕地整理法改正 1911 日米通商航海条約修正（不平等条約解消） 1912 明治天皇崩御 1915 東京大正博

近代建築史年表 — 169

索　引

〈欧　字〉

BBPR ………………………………… 67
CIAM ……………………………… 45，77
SOM ……………………………… 65，67

〈あ　行〉

アアルト …………… 48，54，56，57，90
アウレンティ ………………………… 80
青木淳 ……………………………… 157
アーキグラム …………………… 73，75
浅野総一郎 ………………………… 107
アスプディン ………………………… 6
アスプルンド ………………………… 47
アーツ・アンド・クラフツ・ムーヴメント
　……………………………… 16，17，34
アテネ憲章 ……… 45，46，50，63，75，77
阿部美樹志 …………………… 108，137
アムステルダム派 ………… 51，53，57
アール・デコ …………………… 49，50
アール・ヌーヴォー … 12，18，20，21，
　　　　　　　　　　　24，122，133
アレン ……………………………… 49
安藤忠雄 …………………………… 154
アンド・クラフツ・ムーヴメント … 41
アンネビーク ………………………… 7

〈い　行〉

イオファン …………………… 37，38
池辺陽 ……………………………… 140
石井和紘 …………………………… 155
磯崎新 …………………… 153，155，158
板ガラス … 5，8，96，103，106，107，111
イッテン …………………………… 39
伊東豊雄 ………………… 155，157，158
インターナショナル・スタイル … 46，47，
　　　　　　　　　　　　　50，59
インターナショナル・スタイル展 …… 46

〈う　行〉

ヴァイス ……………………………… 7
ヴァグナー ……………………… 19，28
ヴァスムート社 ………………… 24，54
ヴィオレ＝ル＝デュク ……… 17，18，23
ヴェスニン兄弟 …………………… 36
ヴェンチューリ ……………… 81，82，84
ウェンディンヘン …………………… 53
ウォートルス …………………… 98，100
内井昭蔵 …………………………… 147
ウッツォン ………………………… 69
浦辺鎮太郎 ………………………… 149

〈え　行〉

衛生問題 ……………………………… 9
エコル・デ・ボザール ……… 8，22，30
エストベリ ………………………… 62
エスプリ・ヌーヴォー …………… 42
エッフェル ………………………… 6
エレベーター …………………… 21，22
エンデ＆ベックマン … 109，110，111，114
遠藤於菟 ………………………… 108
円筒法 ……………………………… 8

〈お　行〉

オーウェン ……………………… 26，32
大江新太郎 ………………………… 117
大江宏 ……………………………… 154
大阪万国博覧会 …………… 148，151
大野勝彦 …………………………… 145
岡隆一 ……………………………… 145
オザンファン ……………………… 42
オースマン ………………………… 27
オットー …………………………… 70
オーティス ………………………… 21
お雇い外国人 ……………… 96，102，104
オルタ ……………………………… 18
オルブリッヒ ……………………… 19
オルムステッド ………………… 25，30，32

〈か 行〉

街 ……………………………………… 100
開国 ……………………………… 95, 96, 102
開拓使 …………………………………… 98
ガウディ ………………………………… 20
笠井順八 ……………………………… 107
カスティリアーノ ……………………… 8
片山東熊 ……………………………… 104
カッペレッティ …………………… 98, 101
ガルニエ …………………… 25, 30, 31, 32
川元良一 ……………………………… 131
カーン ……………………………… 78, 84
官庁集中計画 ………………… 109, 114
カンディンスキー ……………………… 39
関東地震 ……………………………… 122
関東大震災 …………………… 124, 128
関東大震災復興事業 …… 124, 125, 133

〈き 行〉

キアットーネ …………………………… 35
ギーディオン …………………………… 45
機械 …… 33, 35, 36, 37, 39, 42, 44, 51,
　　　　52, 53, 56, 63, 71, 72, 73, 82
木子清敬 ……………………………… 113
木島安史 ……………………………… 155
ギマール ………………………………… 18
キュビズム ………………………… 33, 42
擬洋風建築 …………………… 99, 102
居留地 …………………… 99, 100, 109
銀座レンガ街 ………… 95, 100, 102, 109
近代化 …… 95, 96, 100, 103, 106, 109,
　　　　112, 114, 115, 124
近代建築 …… 40, 44, 46, 47, 60, 76, 77,
　　　　79, 82, 83, 85, 90, 121, 122, 123,
　　　　131, 132, 133, 134, 138, 152, 153
近代建築家 …… 47, 48, 74, 75, 132, 133
近代建築の探求 …………………… 138
近代主義 …… 121, 131, 134, 152, 155
近代（主義）建築 …… 40, 83, 121, 134
近代都市計画 …… 26, 46, 64, 73, 75, 76
近代都市計画理論 …………………… 64

〈く 行〉

クック …………………………………… 73
区分所有法 …………………………… 147
隈研吾 ………………………………… 157
グリーク・リヴァイヴァル …………… 13
グリッド・システム ……… 25, 30, 32, 86
クレー …………………………………… 39
グレイブズ ……………………………… 82
クレープシュ …………………………… 8
黒川紀章 ……………………………… 146
グロピウス …… 34, 35, 39, 40, 41, 46,
　　　　48, 52

〈け 行〉

啓蒙思想 …………………………… 4, 95
ケーネン ………………………………… 7
ゲーリー ………………………………… 89
建設省 ………………………………… 135
建築基準法 …… 110, 134, 137, 145, 151
建築の多様性と対立性 ………… 81, 84
建築非芸術論 ………………………… 123
建築へ ………………………………… 42

〈こ 行〉

公営住宅法 …………………………… 135
公害問題 ……………………………… 148
工業都市計画案 ……… 25, 30, 32
工手学校 …………………………… 103, 104
構成主義 ………………………… 36, 49, 51
耕地整理法 …………………… 127, 133
鋼鉄 ………………………………… 6, 106
高等工業学校 ………………………… 105
工部省 …………………………… 97, 107
工部大学校 …… 95, 101, 102, 103, 104
合理主義 …… 3, 4, 5, 8, 14, 33, 40, 46,
　　　　47, 51, 53, 56, 76, 121, 139
国際建築 ……………………………… 40
国民国家 …… 3, 10, 11, 58, 59, 95,
　　　　112, 113
ゴシック様式 ……………… 15, 16, 17
コスタ ………………………………… 74
ゴダン ………………………………… 26

古典主義 ……………………… 7, 22
後藤一雄 ……………………… 144
小林政一 ……………………… 117
小林正紹 ……………………… 117
コールハース ……… 86, 87, 89, 90, 91
コワニエ ……………………… 7
コンクリート ………………… 106
コンテクスチャリズム ……… 80
コンドル ………… 95, 101, 102, 103, 104,
　　　　　　 109, 114, 115, 118, 149

〈さ 行〉

最小限住居 …………………… 45
酒井祐之助 …………………… 108
坂倉準三 ………………… 130, 142
坂本一成 ……………………… 156
左立七次郎 …………………… 104
サーリネン …………… 63, 68, 69
サリヴァン ……… 12, 22, 24, 53, 54, 90
産業革命 ………………… 3, 16, 95
サンテリア ………………… 35, 36

〈し 行〉

ジェファーソン ……………… 14, 61
シェル構造 ………… 63, 68, 69, 143
ジェンクス …………………… 82
市街地建築物法 …… 104, 108, 110, 111,
　　　　　　　　 124, 137, 145
シカゴ ………………………… 24
シカゴ派 ……………………… 21
市区改正 ………… 103, 109, 110
篠原一男 ……………………… 153
資本主義 ……………………… 11
資本主義的 …………………… 60
清水喜助 ……………………… 99
社会主義美学 ………………… 37, 60
シャロウン …………………… 47
ジャンヌレ …………………… 41, 44
シュヴァンツァー …………… 69
柔構造 ………………………… 145
住宅金融公庫 ………… 134, 136, 137
住宅公団 ……………… 135, 137, 151
住宅問題 ……………… 134, 135

シュペーア …………………… 59
シュレーブ …………………… 49
条約改正 ……… 100, 101, 104, 109, 113
殖産興業 ……………………… 95
食寝分離 ……………………… 136
ジョンソン …………………… 46, 83
シレン ………………………… 61
新古典主義 ……… 12, 13, 14, 15, 31, 37,
　　　　　　　　 45, 58, 59, 60, 61
シンドラー …………………… 48

〈す 行〉

水平連続窓 …………………… 44
スカルパ ……………………… 80
スチュアート ………………… 14
スターリング ………………… 68
スティブンソン兄弟 ………… 97
スミッソン …………………… 77
スミッソン夫妻 ……………… 77

〈せ 行〉

清家清 ………………………… 140
妹島和世 ……………………… 156
セセッション ……… 20, 117, 121, 122,
　　　　　　　　　 123, 133
セセッション（分離派） …… 19
セメント …… 5, 6, 96, 103, 106, 107, 111
戦災復興 ……………………… 135
戦災復興院 …………………… 137
線状都市 ……………………… 25, 28

〈そ 行〉

象設計集団 …………………… 154
曾禰達蔵 ……………………… 104
曾禰中條建築事務所 ……… 122, 130
ソリア・イ・マータ ………… 28, 32

〈た 行〉

タウト ………………………… 47, 52
武田五一 ……………………… 122
辰野葛西建築事務所 ………… 107
辰野金吾 …………………… 104, 111
立石清重 ……………………… 99

タトリン ································ 36
棚橋諒 ································ 145
田邊平學 ······························ 144
谷口吉郎 ······························ 130
ダービー親子 ··························· 5
タリアセン ······················ 54, 55
丹下健三 ···· 69, 134, 138, 139, 143, 146

〈ち 行〉

チームX ··························· 77, 84
中世主義 ············· 12, 16, 17, 24, 33, 39
中世主義者 ····················· 12, 17
中世主義的 ··························· 39
鋳鉄 ····························· 5, 106
チョーク ································ 73

〈つ 行〉

塚本靖 ································ 122
土浦亀城 ························ 127, 130
筒井明俊 ······························ 99
吊り構造 ················ 63, 68, 69, 143

〈て 行〉

帝冠様式 ······························ 131
ディンケルー ··························· 67
テクトン ································ 47
デコンストラクション ··················· 89
デ・ステイル ········ 37, 38, 39, 49, 51,
                    52, 53
鉄 ····························· 5, 103, 106
鉄筋コンクリート ····················· 108
鉄筋コンクリート造 ··· 7, 31, 43, 54, 68,
       69, 71, 72, 103, 108, 111, 117,
       121, 125, 128, 132, 136, 142, 143
鉄骨造 ············· 21, 49, 106, 107, 141
鉄骨鉄筋コンクリート造 ··············· 128
鉄骨レンガ造 ··························· 106
テラーニ ································ 60
田園都市 ·························· 25, 29

〈と 行〉

ドイツ工作連盟 ················ 34, 47, 49
ドゥースブルフ ················ 37, 38, 39

東京オリンピック ················ 148, 151
東京市土木局建築課 ··················· 129
同潤会 ·························· 126, 133
灯台 ····························· 97, 100
トータル・デザイン ········ 16, 17, 18
ド・クレルク ··························· 52
都市計画 ············ 5, 27, 36, 44, 55, 74,
                                  75, 109
都市計画法 ········ 104, 110, 111, 124, 127
都市計画法と市街地建築物法 ··········· 110
都市問題 ·························· 9, 25
ド・ボアンヴィル ················ 98, 101

〈な 行〉

内藤多仲 ······························ 128
内務省 ······ 109, 115, 125, 126, 135, 139
ナヴィエ ································ 8
中條精一郎 ··························· 104
中村與資平 ··························· 132
ナチス ······················ 41, 58, 62

〈に 行〉

西澤立衛 ······························ 156
西村好時 ······························ 132
日建設計 ······························ 144
日本趣味の建築 ············ 131, 132, 133
ニュータウン ··············· 74, 75, 137
ニュー・ブルータリズム ················· 77
ニューヨーク・ファイヴ ················ 82

〈ね 行〉

ネオ・ゴシック ··················· 14, 102
ネオ・バロック ····················· 14, 15
ネオ・ルネサンス ··················· 14, 15
ネオ・ロマネスク ······················· 14
ネルヴィ ································ 66

〈の 行〉

ノイトラ ································ 48
野口孫一 ······························ 122
野田俊彦 ······························ 123
ノルベルグ＝シュルツ ··················· 80

〈は　行〉

バウハウス ……… 39, 40, 41, 46, 49, 121
バーカーツ ……………………………… 69
箱の破壊 ………………………………… 23
バスチャン ……………………………… 97
ハディド ………………………………… 89
濱口ミホ ……………………………… 140
濱口隆一 ……………………………… 138
ハーモン ………………………………… 49
林忠如 …………………………………… 99
バラガン ………………………………… 79
パリ改造計画 ……………………… 25, 27
バルーン・フレーム …………………… 98
ハワード …………………………… 29, 32
反建築 …………………………………… 73

〈ひ　行〉

ピカソ …………………………………… 35
ヒッチコック …………………………… 46
ヒトラー ………………………………… 59
ピュージン ………………………… 14, 16
ヒューマニズム …………… 3, 5, 25, 57
ピュリスム ……………………………… 42
表現主義 ……… 39, 51, 52, 57, 121, 123
開かれた空間 ……… 34, 35, 36, 37, 38
平林金吾 ……………………………… 132
ビルディングタイプ …… 4, 10, 12, 13,
　　　　15, 85, 87, 88, 95, 132, 139, 152
広瀬鎌二 ……………………………… 140
ピロティ ………… 43, 44, 71, 72, 139, 143

〈ふ　行〉

ファミリーステール …………………… 26
ファランステール ……………………… 26
ファン・アイク ………………………… 78
富国強兵 ………………………… 95, 96, 103
復興院 ………………………………… 125
復興局 ………………………………… 125
ブラック ………………………………… 35
ブラントン ………………………… 97, 98
フーリエ ………………………………… 26
ブリジェンス …………………………… 98

ブーレー ………………………………… 13
プレイリー・ハウス …………………… 23
プレファブ …………………………… 144
ブロイヤー ………………… 40, 48, 49
フロラン ………………………………… 97
分離派建築会 …………………… 121, 123

〈へ　行〉

ベイコン ………………………………… 61
ペチュニック …………………………… 66
ベックマン …………………………… 114
ベーム …………………………………… 79
ペルツィッヒ …………………………… 52
ペレー ………………………… 7, 31, 41
ベーレンス ………………… 34, 35, 41
ヘロン …………………………………… 73
ヘントリッヒ …………………………… 66

〈ほ　行〉

ポウプ …………………………………… 61
ポスト・モダニズム ……… 77, 81, 82, 83,
　　　　　　　　84, 85, 88, 152, 153, 155
ポートマン ……………………………… 67
ホフマン …………………………… 19, 41
堀口捨己 ……………………… 123, 130
ポルトゲージ …………………………… 82
ポルトランド・セメント ………… 6, 108
ポロ …………………………………… 157
ポンティ ………………………………… 66

〈ま　行〉

マイヤー ………………………… 41, 80, 82
前川國男 ……………………………… 141
前川國男設計事務所 ………………… 141
前田健二郎 …………………………… 131
槇文彦 ………………………………… 147
膜構造 …………………………………… 69
真島健三郎 ………………… 108, 145
増沢洵 ………………………………… 140
マッキントッシュ ………… 18, 19, 122
マリネッティ ……………………… 35, 36
マンション …………………… 147, 151

〈み 行〉

ミース ……………34, 41, 46, 47, 49, 52,
　　　　　　　　63, 64, 65, 77, 81
三橋四郎 ……………………………… 122
未来派建築宣言 ………………………… 36
未来派宣言 ……………………………… 35

〈む 行〉

ムサビ …………………………………… 157
ムテジウス ……………………………… 34
村野藤吾 ……………………………… 130

〈め 行〉

メタボリズム ……………… 145, 146, 151
メートル法 …………………………… 8, 97
メンデルゾーン ………………………… 52

〈も 行〉

モダニズム …………………………… 121
モダニズムの建築 ……………………… 40
モデュロール ………………………… 71, 72
モニエ ……………………………………… 7
モホリ＝ナジ ………………………… 39, 40
モリス ………………………… 16, 18, 39
モンジュ …………………………………… 8
モンドリアン …………………………… 38

〈や 行〉

安井武雄 ……………………………… 129
泰井武 ………………………………… 132
八幡製鉄所 …………………………… 106
山口文象 ………………………… 127, 129
ヤマサキ ………………………………… 66
山田守 …………………………… 123, 130

〈ゆ 行〉

有機的建築 ………… 22, 51, 52, 53, 57, 90
ユートピアン ………………………… 25, 26
ユニヴァーサル・スペース …………… 65

〈よ 行〉

容積率制 ……………………………… 145

洋風建築 ………… 96, 99, 100, 103, 106,
　　　　　　　　　　　　 113, 114
横河工務所 …………………………… 106
吉田鉄郎 ……………………………… 129
吉村順三 ……………………………… 143

〈ら 行〉

ライト …… 13, 22, 23, 24, 38, 41, 53,
　　　　　 54, 55, 57, 90, 124, 129, 149
ラウムプラン（空間計画）…………… 20
ラスキン …………………………… 16, 23
ラム ……………………………………… 49

〈り 行〉

リージョナリズム …………… 79, 80, 154
リートフェルト ………………………… 38
リップス ………………………………… 39
リベスキンド …………………………… 89
リューベトキン ………………………… 47
臨時建築局 …………………………… 109

〈る 行〉

ル・コルビュジエ … 41, 42, 43, 44, 45,
　　　　46, 47, 49, 50, 63, 66, 71, 72,
　　　　　　 75, 76, 77, 121, 129, 143
ルドゥー ………………………………… 13

〈れ 行〉

レヴェット ……………………………… 14
レオニードフ …………………………… 37
歴史主義 ………… 12, 15, 16, 17, 18, 24,
　　　　　　　 102, 103, 104, 121, 122,
　　　　　　　　　 123, 131, 133, 149
歴史的建造物 ………… 80, 84, 148, 151
レーニン ………………………………… 37
レーモンド …………………………… 129, 142
レプラトニエ …………………………… 41
レンガ …………… 95, 96, 97, 100, 107, 149
レンガ造 ……………………………… 106
錬鉄 ……………………………………… 5

〈ろ 行〉

- ロジェ ……………………………… 13
- ロース ……………………………… 20
- ローチ ……………………………… 67
- ロドチェンコ ……………………… 36
- ロマネスク様式 …………………… 15
- ロマン主義 ………… 3, 5, 14, 36, 51, 115

〈わ 行〉

- 渡辺仁 ………………… 131, 132, 150
- 和洋折衷 ………… 99, 112, 113, 114, 115

著 者 略 歴

藤岡　洋保（ふじおか・ひろやす）
1949 年　広島市生まれ
1973 年　東京工業大学工学部建築学科卒業
1975 年　同大学大学院理工学研究科建築学専攻修士課程修了
1980 年　同研究科博士課程修了．工学博士．
　　　　明治大学助手などを経て
1984 年　東京工業大学工学部助教授
1996 年　同教授．神奈川大学，ワシントン大学大学院（シアトル），
　　　　明治大学大学院，北海道大学大学院で非常勤講師
2000 年　東京工業大学大学院理工学研究科教授．
　　　　現在に至る．近代建築史専攻．
主な著書『表現者・堀口捨己―総合芸術の探求―』
　　　　（中央公論美術出版，2009），
　　　　『建築家山田守作品集』（共著，東海大学出版会，2006），
　　　　『清家清』（共著，新建築社，2006），
　　　　『シリーズ都市・建築・歴史 9　材料・生産の近代』
　　　　（共著，東京大学出版会，2005），
　　　　"Le Corbusier et le Japon"（分担，Picard，2007）など

建築学入門シリーズ
近代建築史　　　　　　　　　　　　　　　　　　Ⓒ 藤岡洋保　2011

2011 年 3 月 30 日　第 1 版第 1 刷発行　　　【本書の無断転載を禁ず】
2017 年 3 月 17 日　第 1 版第 3 刷発行

著　　者　藤岡洋保
発 行 者　森北博巳
発 行 所　森北出版株式会社
　　　　　東京都千代田区富士見1-4-11（〒102-0071）
　　　　　電話 03-3265-8341／FAX 03-3264-8709
　　　　　http://www.morikita.co.jp/
　　　　　日本書籍出版協会・自然科学書協会　会員
　　　　　JCOPY ＜(社)出版者著作権管理機構　委託出版物＞

落丁・乱丁本はお取替えいたします　　　印刷／ユーヴィス・製本／協栄製本

Printed in Japan／ISBN 978-4-627-50571-1